過去問
ザ・ベスト
The BEST
ser.1
判断推理

畑中敦子 著

エクシア出版

はじめに

判断推理とは

与えられた条件を整理して考える、推理クイズのような問題です。
また、パズルのような図形問題（空間把握）も出題されます。
いずれも時間さえあれば解ける問題ばかりですが、本番では時間との戦いになります。

出題数は

国家公務員（高卒一般職・専門職）では、基礎能力試験 40 問のうち 9 問（判断推理 5 問、空間把握 4 問）、東京都Ⅲ類や特別区Ⅲ類でも毎年 10 問の出題があり、教養試験（基礎能力試験）の中でも最重要科目の 1 つといえます。
苦手分野にならないようがんばりましょう！

勉強方法は

まず、本書各セクションの「例題」の解説を読んで、問題と解法のパターンを理解し、あらためて、自力で解いてみてください。
「例題」が解けるようになったら、その後の練習問題で定着を図ります。
いずれの問題も、ある程度の時間でしっかり解けるまで繰り返し解きましょう。
判断推理の勉強は、「訓練」のようなものですから、毎日少しずつ「筋トレ」のように勉強を続けることが大事です。

目　次

はじめに 1

出典表記の補足 3

本書の活用法 4

試験別出題傾向 6

Sec.**01**　順序関係 8

Sec.**02**　位置関係 32

Sec.**03**　対応関係 56

Sec.**04**　試合の推理 81

Sec.**05**　数量条件からの推理 104

Sec.**06**　命題と論理 128

Sec.**07**　集合算 150

Sec.**08**　真偽 164

Sec.**09**　暗号 176

Sec. **10**	操作・手順	188
Sec. **11**	パズル問題	200
Sec. **12**	移動と軌跡	226
Sec. **13**	立体図形	246
Sec. **14**	展開図	270
Sec. **15**	サイコロと位相	290

出 典 表 記 の 補 足

過去問の出典の表記について補足します。

入国警備官等	海上保安学校、入国警備官、航空保安大学校、皇宮護衛官の共通問題です。
海上保安大学校等	海上保安大学校、気象大学校の共通問題です。
東京都氷河期世代Ⅲ類	本書掲載の過去問は、2023年度までの採用試験のもので、2024年度からは選考方法がSPI3に変更されています。詳しくはホームページでご確認ください。
東京都キャリア活用	

本書の活用法

インプット

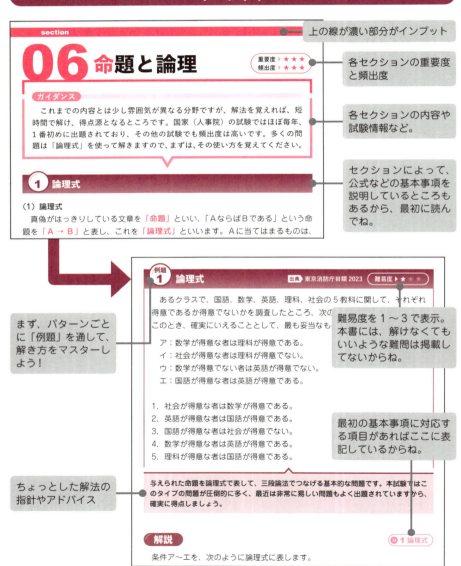

アウトプット

出典については、3ページに補足があるから、確認しておいてね。

上の線が薄い部分がアウトプット

アウトプットの練習問題は、「例題」の類題もあるけど、ちょっと変わった問題も取り上げることがあるよ。いずれも良問ぞろい！

06 命題と論理

No.4　出典 国家一般職（高卒）2024　難易度 ★★★

次のA〜Dの推論のうち、論理的に正しいもののみを挙げているのはどれ

道どちらも好きな人は、書道が好きである。
人は、弓道が好きである。
、華道又は茶道が好きな人は、弓道が好きである。
きでない人は、小説が好きでない。
でない人は、小説が好きである。
したがって、映画が好きでない人は、漫画が好きである。
C：トマトが好きな人は、キュウリが好きである。
トマトが好きでない人は、ピーマンが好きでない。
したがって、キュウリが好きな人は、トマトが好きである。
D：ピアノが得意な人は、ギターとドラムどちらも得意でない。
したがって、ギター又はドラムが得意な人は、ピアノが得意でない。

1. A、C　2. A、D　3. B、C　4. B、D　5. C、D

解説

推論A〜Dについて確認します。

推論A

与えられた2つの命題を論理式に表してつなげると、次のようになります。

　華道∧茶道　→　書道　→　弓道

ここから、「華道∧茶道→弓道」は導けますが、「華道∨茶道→弓道」は導けません。

逆に、「華∨茶→弓」から「華∧茶→弓」を導くことならできるよ。「華∧茶」は「華∨茶」の一部だからね。

よって、推論Aは正しくありません。

推論B

与えられた2つの命題を、次のように論理式で表します。

解説の途中で、キャラクターたちが補足やアドバイスをしているからね。

試験別出題傾向

国 家 公 務 員 （高卒一般職・専門職）

（国家一般職（高卒）・刑務官・海上保安学校（特別）・海上保安大学校・入国警備官等）

判断推理（文章題）は**例年5問**の出題で、ほとんどの試験で**1問目は「論理」**が出題されており、単純な論理式で解ける問題が多いです。また、「**位置関係**」も、ほとんどの試験でほぼ毎年出題されており、**少し変わった問題や設定が複雑な問題**もよくあります。あとは、「順序関係」「数量条件からの推理」「対応関係」が頻出で、パターン通りの問題もありますが、少し変わった問題もあり、全体的に他の試験と比べると**難易度はやや高め**です。

その他では、「試合の推理」「集合算」「操作手順」は時々出題されていますが、「暗号」の出題はほとんどありません。

空間把握は**例年4問**の出題で、「**パズル**」「**展開図**」の出題が比較的多く、「移動と軌跡」「投影図」「立体の切断」なども時々出題されていますが、あまり多くはありません。空間把握でもやや変わった問題も出題されていますが、割と**パターン通りの問題も多く**、得点しやすいでしょう。

裁 判 所 職 員 （高卒一般職）

判断推理（文章題）は**例年5問**の出題で、「**位置関係**」「**順序関係**」「**真偽**」「**試合の推理**」が頻出です。他に「論理」「対応関係」も比較的よく出題されています。また、「暗号」「操作手順」等マイナー分野の出題も時々あり、**全体的にまんべんなく出題**されている印象です。

空間把握は**例年2問**の出題ですが、そのうち1問は「図形の計量」（数的推理の図形問題）のこともあります。「**パズル**」「**サイコロ**」などが比較的よく出題されている印象ですが、こちらも**全体的にまんべんなく出題**されています。

見た目は割と普通の問題が多いですが、**複雑で時間がかかる問題もたまにあります**ので、注意が必要です。

東　京　都　Ⅲ　類

　判断推理の**枠は５問**ですが、そのうち３問程度は、「場合の数」と「確率」（いずれも数的推理の内容）が出題されており、**実質的な判断推理の出題は２問程度**です。例年、**１問目は「集合算」**で、ベン図等が使える一般的な問題が多く、その他では、**「順序関係」**が比較的よく出題されています。

　空間把握の**枠も５問**で、「移動と軌跡」が例年**１〜２問出題**されており、一般的な軌跡を考える問題もありますが、**長さや面積の問題**も多いです。

　あとは、**「パズル」**が頻出ですが、その他の問題もまんべんなく出題されており、割とパターン通りの問題が多いです。

特　別　区　Ⅲ　類

　判断推理の**枠は６問**で、例年、**１問目は「試合」、２問目は「暗号」**が出題されており、最近では**「数量条件からの推理」**もほぼ毎年出題されています。「暗号」は普通の問題の場合もありますが、難問もよくあるので、本番では注意が必要です。

　その他では割とまんべんなく出題されており、全体的にパターン通りの問題が多いです。

　空間把握の**枠は４問**ですが、そのうち１問は「図形の計量」（数的推理の図形問題）が出題されています。東京都と同様に、**「移動と軌跡」が例年１〜２問出題**されており、やはり、長さや面積を求める問題もあります。その他では、**「パズル」「展開図」**なども割と頻出ですが、全体的にまんべんなく出題されています。

section

01 順序関係

重要度 ▶ ★★★
頻出度 ▶ ★★★

> **ガイダンス**
> 　順番などを推理する問題で、比較的解きやすく、得点源になります。ここから、「section 5」まで、似たような内容が続きますが、いずれも最頻出分野で、判断推理の中心といえる内容になります。

例題 1　順番の推理

出典　刑務官 2024　難易度 ▶ ★ ☆ ☆

　A～Fの6人で行った徒競走のゴール時の順位について次のことが分かっているとき、確実にいえるのはどれか。
　ただし、同時にゴールした人はいなかったものとする。

ア　Aは2位であった。
イ　BはEの次にゴールした。
ウ　DはCよりも前にゴールした。
エ　順位順に並んだとき、BとCの間にいたのは2人のみであった。

1. AはDよりも前にゴールした。
2. BはFよりも前にゴールした。
3. CはFよりも前にゴールした。
4. EはCよりも前にゴールした。
5. FはDよりも前にゴールした。

条件を満たす順番を考える典型的なタイプです。順序関係の問題の半分以上はこのタイプで、条件をわかりやすいように図や式に表して組み合わせて考えます。何通りかに場合分けして考えることが多いので、なるべく無駄な作業をしないよう、効率を考えて解くようにしましょう。

解説

条件ア〜エを満たす6人の順位を考えます。

それぞれの条件は、できるだけわかりやすく、図や式に表しておきましょう。

条件イやエは、次のように、間の人数などがわかるようなブロック図にしておきます。

条件エは、BとCのどちらが前かは不明ですから、**BとCを入れ替えた場合**も必要です。なので、<u>図をもう1つ描いてもいいですが</u>、たとえば、次のように<u>「左右入れ替えOK」</u>がわかるような印を付けておけばいいでしょう。

> これくらいなら両方描いてもいいけど、けっこう面倒な場合もあるからね。
> 「入れ替えOK」は、自分がわかればいいので、できるだけ簡単な印で済ませるようにしよう。

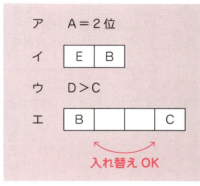

では、これらを組み合わせることを考えます。

まず、図1のように、6人分のブロックを用意して、条件アより、2位にAを記入します。

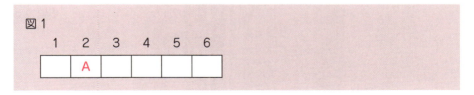

そうすると、条件エのBとCが入るのは、**(1位, 4位)** または **(3位, 6位)** なので、BとCを入れ替えた場合を考えると、図2の①〜④の4通りが考えられます。

図2

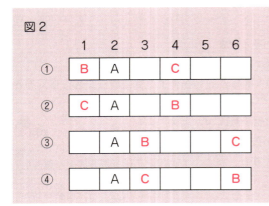

では、それぞれについて、残る条件イ、ウを満たすかを考えます。

まず、条件イより、**Bのすぐ前はE**なので、①と③はNGですね。

また、条件ウより、**Cは1位ではない**ので、②もNGです。

残る④について、Bのすぐ前にE、Cより前の1位にDを入れると、残る4位がFとわかり、図3のように決まります。

> 最初から条件イ、ウを満たさないとわかれば、図を描く必要はないね。慣れてくれば、より効率よく作業ができるようになるよ。

図3

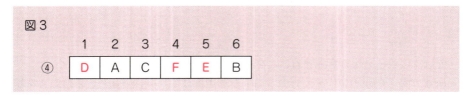

これより、選択肢から確実にいえるものを選ぶと、正答は肢3となります。

正答 ≫ 3

01 順序関係

例題 2　大小関係の推理

出典 裁判所職員一般職（高卒）2020　難易度 ▶ ★ ★ ★

　Ａ，Ｂ，Ｃ，Ｄ，Ｅの５人がある時刻に集合することになった。到着時間について、次のことがわかっている。

　ア　ＡはＢと２分違い、Ｄと１分違う。
　イ　ＢはＥより３分早く到着した。
　ウ　ＣはＢと８分違い、Ｄと５分違う。

　５人の到着時刻はみな異なっていたとすると、正しくいえるのは次のうちどれか。

1．ＡはＣより６分早く到着した。
2．ＢはＤより３分遅れて到着した。
3．ＣはＥより１０分早く到着した。
4．ＤはＢより１分遅れて到着した。
5．ＥはＡより５分早く到着した。

数量の差などを考慮して大小関係を推理する問題で、ほとんどは線分図（数直線）に情報を整理します。このタイプは、どの条件から始めて、どの条件につなげるかがポイントになります。

解説

　時間が遅いほうを右方向に取って、線分図を描き、各人が到着した時刻を表します。

　条件ア、ウは、「〇分違う」ということだけで、**どちらが早く到着したか**が示されていませんが、条件イだけは、**Ｂのほうが早い**とわかっていますので、まずは、これを図１のように記入します。

どっちが早いかわからないと、２通り描かないとならないからね。

図１

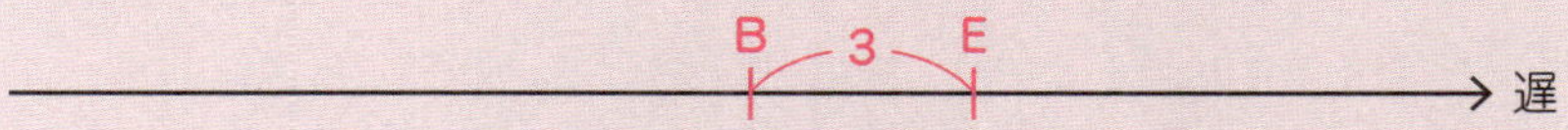

```
                    B   3   E
─────────────────────┼───────┼──────────────→ 遅
```

　次に、図１の**ＢまたはＥにつながる条件**を探します。

11

まず、条件アの前半より、AはBと2分違いとありますが、**どちらが早いかわかりません**ので、図2のように、Bより2分早いほうにA₁、遅いほうにA₂として、2通り記入しておきます。

さらに、条件ウの前半より、CはBと8分違いとありますので、同様に、C₁、C₂として記入します。

> 場合分けで混乱しそうだったら、図を分けて描いてもOK！でも、ここまで来たら、あとはDだけだから、何とかなりそうでしょ！

図2

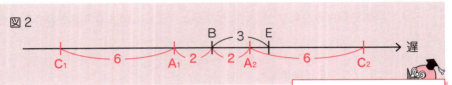

> Bから8分のところは、Aから6分のところだからね。

残るのはDだけですが、条件ア、ウの後半より、Dは、**Aと1分、Cと5分違う**ので、**これをともに満たすDの位置**を考えます。

まず、A₁について、ここから左右それぞれ1分の位置を確認すると、**A₁より1分早い位置から、さらに5分早い位置にC₁**がありますので、図3のように条件を満たします。

しかし、A₁より1分遅い位置については、条件を満たすCはありませんね。

> 最後は、条件を全て満たすDだけを考えればいいからね。

図3

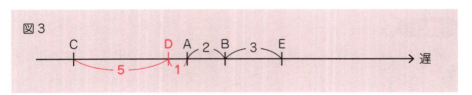

同様に、図2のA₂から左右1分の位置について確認すると、**A₂より1分遅い位置から、さらに5分遅い位置にC₂**がありますが、この場合、**DとEの到着時刻が同じ**であったことになり、条件を満たしません。

また、A₂より1分早い位置についても、条件を満たすCはありませんね。

これより、各人の到着時刻の関係は、図3のように決まり、ここから選択肢を確認します。

肢1 AはCより6分遅れて到着しています。
肢2 BはDより3分遅れて到着しており、本肢は正しくいえます。

肢 3　CはEより 11 分早く到着しています。
肢 4　DはBより 3 分早く到着しています。
肢 5　EはAより 5 分遅れて到着しています。

　よって、正答は肢 2 です。

正答》2

例題 3　複数項目の順序関係
出典》警視庁Ⅲ類 2022　　難易度 ▶ ★ ★ ★

　ある企業は、4 階建ての自社ビルを持っている。それぞれの階には、総務部、営業部、開発部、生産管理部のいずれかの部署が入っており、1 つの階に入っている部署は 1 つのみである。また、この企業のA〜Fの 6 人の社員は、いずれかの部署に所属しており、どの部署もA〜Fのうち 1 人以上がそれぞれ勤務している。次のア〜エのことが分かっているとき、確実にいえることとして、最も妥当なのはどれか。

　ア　1 階と 2 階に勤務している人数は異なっている。
　イ　Aの部署の 2 つ下の階には営業部がある。
　ウ　Bの部署のすぐ下の階には開発部があり、Bの部署のすぐ上の階にはCが勤務している。
　エ　DとEは同じ部署で勤務しており、その部署は総務部のすぐ下の階にある。

1．Aは生産管理部に勤めている。
2．Cの部署は 4 階にある。
3．Fは営業部で勤務している。
4．6 人のうち 3 人が勤務している部署がある。
5．総務部は 3 階にある。

本問では、A〜Fだけでなく、所属部署という項目が加わります。このように、複数の項目がかかわってくるタイプは、それぞれの項目を記入する場所を分けるなどで、混乱のないよう作業するようにしましょう。

解説

1階から4階の順に並べ、部署とそこに勤務する人を記入します。

まず、条件イより、Aの部署は2つ下に営業部があるので、**3階または4階**ですから、ここで、表1のように場合分けをします。

表1

①Aの部署が3階の場合

1	2	3	4
営			
		A	

②Aの部署が4階の場合

1	2	3	4
	営		
			A

次に、条件ウより、Bの部署は、すぐ下とすぐ上に階があるので、**2階または3階**ですが、**すぐ下の階は開発部**ですから、①では3階、②では2階となり、それぞれについて、B、C、開発部を、表2のように記入します。

営業部と重ならないようにね。

表2

①

1	2	3	4
営	開		
		A B	C

②

1	2	3	4
開	営		
		B	C A

さらに、条件エについて、DとEは総務部のすぐ下の階ですから、①、②それぞれについて考えます。

まず、①の場合、総務部は3階または4階ですが、4階だとすると、3階にDとEを含め4人が勤務していることになります。

そうすると、**1、2階のいずれかが誰も勤務していない**ことになり、条件に反しますので、総務部は3階で、2階にDとEが勤務し、残る4階が生産管理部で、1階にFが勤務していることになります（表3-①）。

また、②の場合、同様に、総務部は3階または4階ですが、4階だとすると、3階にDとEを含め3人が勤務していることになります。

そうすると、**1、2階にはそれぞれ1人が勤務している**ことになり、条件アに反

14

01 順序関係

しますので、やはり、総務部は３階で、２階にB、D、Eの３人が勤務し、あとは
①と同様になります（表３－②）。

表3

①

1	2	3	4
営	開	総	生
F	D E	A B	C

②

1	2	3	4
開	営	総	生
F	B D E	C	A

　これより、①、②いずれも成立しますので、
このいずれにおいても確実にいえることを
選択肢から探します。

> このように、複数の成立例があって、
> 「確実にいえること」といわれたら、
> いずれの場合でも当てはまることで
> なければいけないからね。

肢1　Aが勤務しているのは、②の場合は生
　　産管理部ですが、①の場合は総務部です。すなわち、総務部の可能性もありま
　　すので、確実にはいえません。

肢2　同様に、②より、Cの部署は3階の可能性もありますので、確実にはいえま
　　せん。

肢3　同様に、②より、Fは開発部の可能性もありますので、確実にはいえません。

肢4　同様に、①の場合は、３人が勤務している部署はありませんので、確実には
　　いえません。

肢5　①、②いずれにおいても、総務部は３階にありますので、確実にいえます。

　以上より、正答は肢５です。

正答≫5

No.1

出典 国家一般職（高卒）2023　難易度 ▶ ★☆☆

10本のうち2本が当たりで、残りがはずれのくじがあり、A〜Eの5人が順次それぞれ2回くじを引いた。くじを引く順番や当たりくじについて、次のことが分かっているとき、確実にいえるのはどれか。

ア　Aは2回とも、Bの直後にくじを引いた。
イ　Cは、Aが2回目のくじを引いた直後に、2回連続くじを引いた。
ウ　Dが1回目に引いたくじと2回目に引いたくじの間に、延べ3人がくじを引いた（例えば、Dが3番目に1回目のくじを引いた場合、7番目に2回目のくじを引くこととなる。）。
エ　当たりくじは、2番目と6番目に引いたくじであった。
オ　当たりくじを引いた人は、BとEであった。

1. Aは、3番目と8番目にくじを引いた。
2. Cは、8番目と9番目にくじを引いた。
3. Dは、1番目と5番目にくじを引いた。
4. Dが引いた2本のくじのうち1本は、Eが引いたはずれくじの直前のくじであった。
5. Eが引いた2本のくじのうち1本は、Bが引いた当たりくじの直前のくじであった。

解説

まず、条件ア〜ウを、次のようなブロック図で表しておきます。
条件アより、条件イのAの前にもBが引いていますので、これを加えておきましょう。

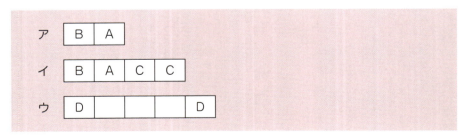

そして、条件エ、オより、当たりくじは2番目と6番目で、これを引いたのは

01 順序関係

BとEですから、ここで次のように場合分けをします。

（1）Bが2番目で、Eが6番目を引いたとき
条件アより、Bの次にAを入れます（図1）。

図1

1	2	3	4	5	6	7	8	9	10
	B	A			E				

また、条件イより、Cが引いたのは、Aの2回目の直後なので、イのブロックが入るのは、7〜10番目となります（図2）。

> 2、3番目のB、Aは、1回目だからね。

図2

1	2	3	4	5	6	7	8	9	10
	B	A			E	B	A	C	C

そうすると、条件ウのブロックが入るのは、1番目と5番目で、残るEのあと1回は4番目となり、図3のように成立します。

図3

1	2	3	4	5	6	7	8	9	10
D	B	A	E	D	E	B	A	C	C

（2）Eが2番目で、Bが6番目を引いたとき
同様に、Bの次にAを入れます（図4）。

図4

1	2	3	4	5	6	7	8	9	10
	E				B	A			

図4で、仮に、6、7番目のB、Aが1回目だとすると、さらにその後ろにイのブロックを入れることはできませんので、6、7番目のB、Aは2回目で、これを

17

含めてイのブロックは、**6～9番目**になります（図5）。

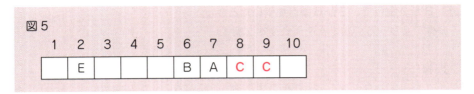

　あとは、(1) と同様に、条件ウのブロックが**1番目と5番目**で、BとAの1回目が**3番目と4番目**、残るEのあと1回は10番目となり、図6のように成立します。

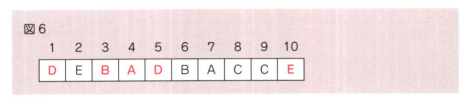

　以上より、図3、6の2通りが成立し、ここから確実にいえることを選択肢から探すと、正答は肢3となります。

正答》3

No.2

出典 東京都氷河期世代 2022　難易度 ▶ ★★★

　南北方向に7台の自動車を1列にとめることができる駐車場があり、A～Gの7人がそれぞれ1台分の駐車場を使用している。この駐車場の使用状況を調べたところ、次のア～エのことが分かった。

　ア　Aより北側の駐車場を使用している人は3人である。
　イ　Eより南側の駐車場を使用している人は4人以下である。
　ウ　Fが使用している駐車場は、Bより南側にあり、Cより北側にある。
　エ　Gより南側で、かつ、Dより北側の駐車場を使用しているのは3人である。

以上から判断して、確実にいえるのはどれか。

1. Cの駐車場が南から3番目であれば、Bの駐車場は北から2番目である。
2. Dの駐車場が一番南であれば、Cの駐車場は北から3番目である。
3. Eの駐車場が北から3番目であれば、Dの駐車場は南から4番目である。
4. Fの駐車場が南から3番目であれば、Eの駐車場は南から5番目である。
5. Gの駐車場が一番北であれば、Fの駐車場は北から6番目である。

解説

　左方向を南、右方向を北として、左右1列の図を描き、A～Gの駐車場の位置を考えます。
　条件ア、イより、**Aは北から4番目で、Eは南から5番目以内**です。
　さらに、条件ウ、エは、次のように表しておきます。

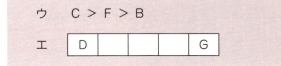

　条件エのDとGが入るのは、南から（1番目, 5番目）（2番目, 6番目）（3番目, 7番目）のいずれかですから、ここで場合分けをします。

(1)（D, G）＝（1番目, 5番目）のとき

　条件アより、Aを入れて、図1のようになります。

図1

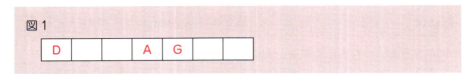

条件イより、**Eは南から2番目か3番目のいずれか**で、これによって、残る3か所には、条件ウより、南から**C、F、B**の順に入りますので、図2のようになります。

図2

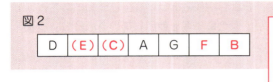

> EとCはチェンジしたものもOK！
> 2通り描いてもいいけど、この程度なら、このように（ ）を付けるとかで、わかるようにしておこう。

(2)（D，G）=（2番目，6番目）のとき

同様に、図3のようになります。

図3

条件イより、**Eは南から1番目、3番目、5番目のいずれか**で、(1)と同様に、残る3か所には、南から**C、F、B**の順に入りますので、図4のようになります。

図4

> (2)-①、(3)-①とも、EとCはチェンジしたものもOKだからね。

(3)（D，G）=（3番目，7番目）のとき

同様に、図5のようになります。

01 順序関係

図5

		D	A			G

　条件イより、**Eは南から1番目、2番目、5番目のいずれか**で、（2）と同様に、図6のようになります。

図6

①Eが1番目または2番目のとき

(E)	(C)	D	A	F	B	G

②Eが5番目のとき

C	F	D	A	E	B	G

　以上より、図2、4、6のそれぞれが成り立ちますので、ここから選択肢を確認します。

肢1　Cが南から3番目なのは、図2及び、図4-①の場合ですが、いずれにおいても、**Bは北から1番目**なので、誤りです。

肢2　Dが1番南なのは、図2の場合ですが、このとき、**Cは北から5番目または6番目**なので、誤りです。

肢3　Eが北から3番目なのは、図4-②及び、図6-②の場合ですが、このとき、**Dは南から2番目または3番目**なので、誤りです。

肢4　Fが南から3番目なのは、図4-②の場合ですが、このとき、Eは南から5番目で、本肢は確実にいえます。

肢5　Gが一番北なのは、図6-①、②の場合で、Fは、②の場合は北から6番目ですが、**①の場合は北から3番目**なので、確実にはいえません。

　以上より、正答は肢4です。

正答》4

21

No.3

出典 特別区Ⅲ類 2023　難易度 ★★

　A〜Fの6人が、A、B、C、D、E、Fの順で一直線上に並んでいる。今、次のア〜オのことが分かっているとき、確実にいえるのはどれか。ただし、A〜Fは、東、西、南又は北のいずれかの方角を向いているものとする。

　ア　Aから見て、Aの正面及び右側には誰もいない。
　イ　Bは、Fと同じ方角を向いており、Bから見て、Bの右側にCがいる。
　ウ　Cは、東を向いており、Cから見て、Cの左側にDがいる。
　エ　Dから見て、Dの右側にEがいる。
　オ　Eから見て、Eの正面にFがいる。

1. 西を向いているのは3人である。
2. 南を向いているのは2人である。
3. 北を向いているのは2人である。
4. CとDは、同じ方角を向いている。
5. Fは東を向いている。

解説

まずは、方角を決めずに、A〜Fを、図1のように一直線に並べます。

図1

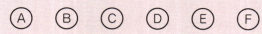

　条件アより、Aは、正面にも右側にも誰もいないので、図2の矢印のいずれかの方向を向いています。
　また、条件イ、ウ、エより、Bの右側にC、Cの左側にD、Dの右側にEがいるので、それぞれ、図2の矢印の方向を向いています。
　さらに、FはBと同じ方向を向いており、**Cが向いている方向が東**ですので、方角も図2のようにわかりますね。
　また、条件オより、Eの正面にFがいますので、Eも図2の矢印の方向を向いています。

01 順序関係

図2

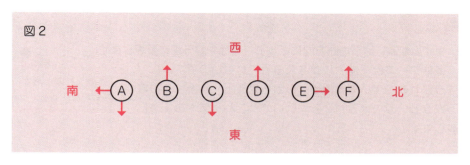

これより、選択肢を確認します。

肢1 西を向いているのは、B、D、Fの3人で、確実にいえます。
肢2 Aは南を向いている可能性がありますが、確実ではなく、他に南を向いている人はいませんので、2人はいません。
肢3 北を向いているのは、E 1人だけです
肢4 CとDは反対方向を向いています。
肢5 Fは西を向いています。

よって、正答は肢1です。

正答》1

No.4

出典 ▶ 警視庁Ⅲ類 2021　難易度 ▶ ★ ☆ ☆

A〜Eの5人が100メートル競走をした。そのときのタイムについて、次のア〜カのことがわかっている。このとき、順位が上から2位だったものとして、最も妥当なのはどれか。

ア　AとCは5秒差であった。
イ　BとCは2秒差であった。
ウ　BとEは5秒差であった。
エ　CとDは3秒差であった。
オ　DはAより8秒早かった。
カ　EはAより2秒早かった。

1. A　　2. B　　3. C　　4. D　　5. E

解説

タイムが遅いほうを右方向にとって、条件を線分図に整理します。

条件ア～エは「差」しか与えられていないので、「早い」ほうがわかっている条件オ、カから見ると、AよりDのほうが8秒、Eのほうが2秒早いので、これを図1のように表します。

> 「例題2」のときと同じだね。

図1

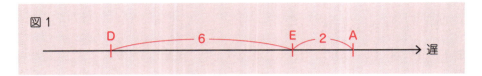

これより、A、D、Eにつながる条件を探すと、条件ア、エより、CはAと5秒差で、Dと3秒差ですから、図2の位置に決まります。

図2

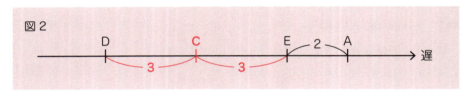

そうすると、残るBについて、条件イ、ウより、Cと2秒差で、Eと5秒差ですから、図3の位置に決まり、5人の順位は、D→B→C→E→Aとわかります。

図3

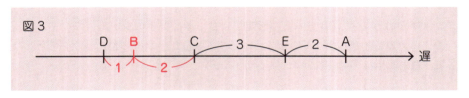

これより、2位はBとなり、正答は肢2です。

正答》2

No.5

出典 特別区経験者 2022　難易度 ▶ ★★★

　A〜Eの5人が魚釣りに行き、5人がそれぞれ最初に釣った魚の全長を比べた。次のア〜オのことが分かっているとき、確実にいえるのはどれか。

ア　AとBが釣った魚の全長の差は、2cmである。
イ　AとEが釣った魚の全長の差は、10cmである。
ウ　BとCが釣った魚の全長の差は、6cmである。
エ　CとDが釣った魚の全長の差は、2cmである。
オ　DとEが釣った魚の全長の差は、4cmである。

1．1番目に全長が大きいのは、AとBのいずれかの魚である。
2．2番目に全長が大きいのは、BかCのいずれかの魚である。
3．3番目に全長が大きいのは、CかDのいずれかの魚である。
4．4番目に全長が大きいのは、DかEのいずれかの魚である。
5．5番目に全長が大きいのは、AかEのいずれかの魚である。

解説

　本問の条件には、A〜Eが釣った魚の全長の「差」しか与えられておらず、どの条件にも、**どちらが大きいとか書かれていません**ね。

　このような場合は、大小については**無視して考える**ことができます。

　すなわち、「差」の条件を満たすように並べるだけでいいので、**線分図（数直線）の方向を定めず**に作業することにしましょう。

　たとえば、条件アは、AとBの差が2cmで、図1のように表します。

「例題2」や「No.4」には、これが書かれた条件があったから、そこから始めたよね。

大きいほうが右方向とか、決めないってことね。

図1

　　　　　　A　2　B
―――――――|―――|―――――――

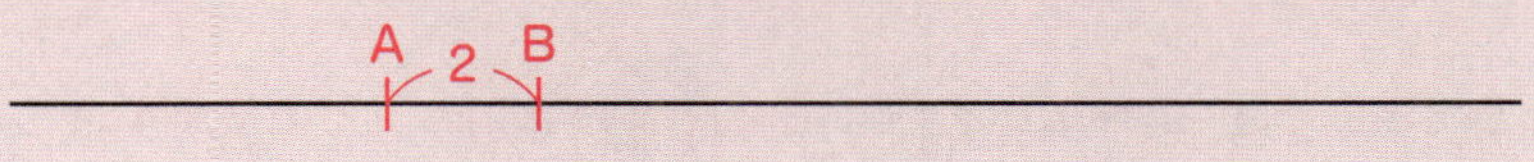

本問では、A～Eはそれぞれ条件に**2回ずつ登場**しており、内容も一様ですから、どの条件から始めても変わりなさそうです。

登場回数が多いとか、ここから始めると作業しやすいという条件があれば、もちろん、そこから始めよう！

　では、条件アからこのまま進めることとし、図1のA、Bにつながる条件を探します。

　そうすると、とりあえず、条件イより、EはAとの差が10cmですが、Eは、図1のAから左右のどちらにあるかで、**Bとの差が違ってきます**から、ここからは、**図2−①、②のように場合分け**をします。

1本の線分図の中で分けて描いてもいいけど、あと2人いるし、まだ場合分けもありそうだから、ここで分けておこう。

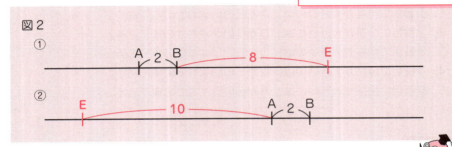

　さらに、条件ウより、Cは、Bとの差が6cmですから、図3のように、**Bから左右それぞれ6cmの位置に、Cを記入しておきます。**

ここまで来たら、あとはDだけだから、同じ図の中で作業してしまおう！

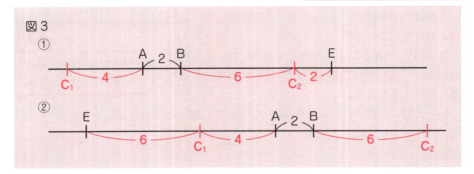

　残るDについては、条件エ、オより、**Cとの差が2cm、Eとの差が4cm**なので、これをともに満たす位置を、図3−①、②のそれぞれで考えます。

　そうすると、①については、C₂から左へ2cmの位置に、②については、C₁から左へ2cmの位置にそれぞれ条件を満たすDがおけるとわかります（図4）。

01 順序関係

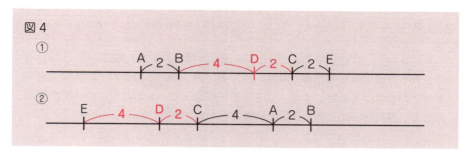

これより、図4-①、②の2通りが成立し、図の左から順に並べると、次のようになります。

| ① | A | B | D | C | E |
| ② | E | D | C | A | B |

しかし、図では、どちらが大きいかという方向を決めずに描いていますので、**左が大きいほうと右が大きいほうの両方の可能性**があります。

選択肢では、大きいほうからの順位が問われていますので、これを踏まえて確認します。

> たとえば、①では、左が大きいなら、大きい順からABDCE、右が大きいなら、大きい順からECDBAということね。

肢1 1番目に全長が大きいのは、①ではAまたはE、②ではEまたはBですから、A、Bの他に**Eの可能性**もあります。

肢2 2番目に全長が大きいのは、①ではBまたはC、②ではDまたはAですから、B、Cの他に**A、Dの可能性**もあります。

肢3 3番目に全長が大きいのは、①ではD、②ではCですから、本肢は確実にいえます。

肢4 4番目に全長が大きいのは、肢2と同じで、B、C、D、Aのいずれかで、Dの他に**A、B、Cの可能性**はありますが、**Eの可能性はありません**。

肢5 5番目に全長が大きいのは、肢1と同じで、A、E、Bのいずれかで、A、Eの他に**Bの可能性**もあります。

以上より、正答は肢3です。

正答》3

No.6

出典 裁判所職員一般職（高卒）2023　難易度 ▶ ★★★

A、B、C、D、Eの5人が1500m走に出場した。5人は1、2、3、4、5のそれぞれ異なる番号が書かれた、赤、青、黄、黒、白のそれぞれ異なる色のゼッケンを付けていた。また、以下のア～ウは、ゴールの状況についての説明である。これらのことから正しくいえるものはどれか。

ア　ゼッケン2番の次にDがゴールし、Dの次の次に白のゼッケンのBがゴールした。
イ　黄のゼッケンがゴールし、その次の次にゼッケン1番がゴールし、次に黒のゼッケン3番がゴールした。
ウ　Eはゼッケン4番より後にゴールしたが、Aや青のゼッケンよりも前にゴールした。

1. Aの順位は5位だった。
2. Bのゼッケンは3番だった。
3. Cのゼッケンの色は黄だった。
4. Dのゼッケンは4番だった。
5. Eの順位は3位だった。

解説

A～Eと、それぞれが付けているゼッケンの番号と、その色という3つの項目がかかわる順序関係の問題ですね。

まず、条件ア～ウをそれぞれ次のように表します。

条件アとイのブロックは、いずれも4人分の長さがありますので、1位～4位、または、2位～5位のいずれかです。2つのブロックは、ぴったり重なることも考

01 順序関係

えられますが、それぞれの<u>1番右のゼッケンの色が異なります</u>ので、片方が1位～4位で、もう片方が2位～5位となります。

このタイプの問題は、異なる番号同士や色同士が重ならないように組み合わせるのがポイント！

ここで、次のように場合分けします。

(1) アのブロックが1位～4位の場合

表1のように、各項目の段を分けて、まず、条件アを記入します。

表1

順位	1位	2位	3位	4位	5位
人		D		B	
ゼッケンの番号	2				
ゼッケンの色				白	

さらに、条件イを、2位～5位に記入します（表2）。

表2

順位	1位	2位	3位	4位	5位
人		D		B	
ゼッケンの番号	2			1	3
ゼッケンの色		黄		白	黒

表2では、青のゼッケンは1位か3位ですが、条件ウより、**1位ではないので3位**になります。

そうすると、条件ウより、**ゼッケン4番が1位**で、**Eが2位**となりますが、**1位はゼッケン2番**なので、矛盾します。

よって、この場合は成立しません。

29

（2）アのブロックが 2 位〜 5 位の場合

同様に、表 3 のように、条件アを記入します。

表 3

順位	1 位	2 位	3 位	4 位	5 位
人			D		B
ゼッケンの番号		2			
ゼッケンの色					白

さらに、条件イを、1 位〜 4 位に記入します（表 4）。

表 4

順位	1 位	2 位	3 位	4 位	5 位
人			D		B
ゼッケンの番号		2	1	3	
ゼッケンの色	黄			黒	白

　（1）と同様に、青のゼッケンは 2 位か 3 位ですが、条件ウより、**2 位ではないので 3 位**になります。

　そうすると、条件ウより、**ゼッケン 4 番が 1 位、E が 2 位で、A は 4 位**となります（表 5）。

表 5

順位	1 位	2 位	3 位	4 位	5 位
人		E	D	A	B
ゼッケンの番号	4	2	1	3	
ゼッケンの色	黄		青	黒	白

　これより、残る **C は 1 位、ゼッケン 5 番が 5 位、赤のゼッケンが 2 位**となり、表 6 のように成立します。

01 順序関係

表6

順位	1位	2位	3位	4位	5位
人	C	E	D	A	B
ゼッケンの番号	4	2	1	3	5
ゼッケンの色	黄	赤	青	黒	白

よって、正答は肢3となります。

正答≫3

section 02 位置関係

重要度 ▶ ★★★
頻出度 ▶ ★★★

ガイダンス

座席や部屋の配置などを推理する問題で、「順序関係」と似たような内容ですが、条件がやや複雑になり、たまに難問もあります。条件は図や式にするなど、効率よく作業するよう練習しましょう。

例題 1 配置を推理する問題

出典 裁判所職員一般職（高卒）2022　難易度 ▶ ★ ★ ★

下の図のような9部屋ある3階建てのマンションがあり、11号室から33号室の部屋番号がついている。A～Iの9人がこのマンションのそれぞれ異なる部屋に住んでおり、その部屋の位置関係について次のア～エのことがわかっているとき、確実にいえるものはどれか。

31	32	33
21	22	23
11	12	13

西　　　　　　　　　　　東

ア　AはGよりも上の階に住んでいる。
イ　Bの東隣にHが住んでいる。
ウ　Cの真下にFが、Fの西隣にEが住んでいる。
エ　Dの真上にIが、Iの真上にBが住んでいる。

1. Aは31号室に住んでいる。
2. Cの西隣にGが住んでいる。
3. Dの東隣にGが住んでいる。
4. Fは23号室に住んでいる。
5. Hの真上にEが住んでいる。

位置関係の問題の最頻出タイプです。順序関係のときと同様に、条件をわかりやすくブロック図に表して組み合わせてみましょう。

解説

まず、条件ア〜エを、図1のように表しておきます。

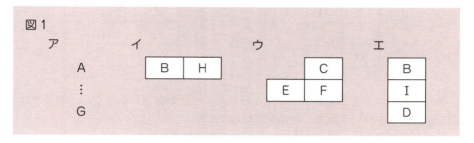

さらに、イとエにはBが共通していますので、図2のようにまとめます。

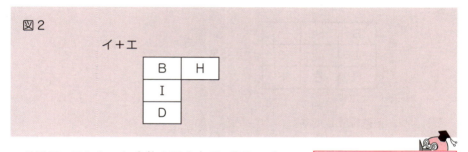

ここで、マンション全体の図の中で、**（イ＋エ）のブロックが入る場所**を探すと、図3の2通りとなります。

1番大きいブロックから、入る場所を探すんだよ。

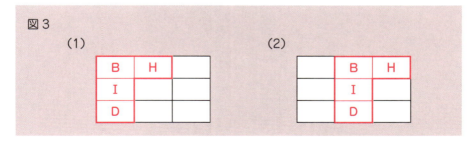

しかし、(2) の場合、**ウのブロックが入る場所がありません**ので、(1) のほうに決まり、ここで、ウのブロックが入る場所は、図4の2通りとなります。

図4

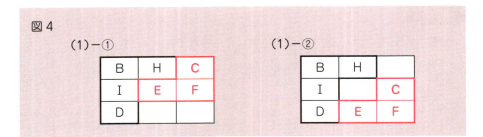

　あとは、条件アを満たすようなAとGが入る場所を確認しますが、①のほうは、残る部屋はいずれも1階で、条件を満たしません。
　一方、②のほうは、図5のようになり、全ての条件を満たします。

図5

B	H	A
I	G	C
D	E	F

　これより、正答は肢2です。

正答》2

02 位置関係

例題 2 円卓の問題
出典 ▶ 刑務官 2018　難易度 ▶ ★★★

A～Hの8人が円形のテーブルの中心に向かって1人ずつ等間隔に座っている。次のことが分かっているとき、確実にいえるのはどれか。

ア　AとHは隣り合っている。
イ　CとDは向かい合っている。
ウ　FとGの間にはちょうど2人座っており、そのうちFに近い方がEである。

1．AとCは隣り合っている。
2．BとCは隣り合っている。
3．BとGは向かい合っている。
4．DとEは隣り合っている。
5．FとHは向かい合っている。

円卓を囲む人たちの位置関係を推理する問題です。一般的に、円卓の周りの席には区別がないので、適当な位置に1人目を置いて、そこを基準に位置関係を考えます。

解説

図1のように、円卓の周りに等間隔に8つの席を配置します。

8つの席に区別はありませんから、まず、条件アより、Aを図1の位置に決めて、その隣にHを入れます。

このHについては、Aの右隣か左隣かは不明ですから、必要があれば両方とも描きますが、本問では、左右を区別する条件はありませんね。

なので、とりあえず、Aの右隣にHを入れ、「左右反転OK」として、その他の席は、図のように、①～⑥とします。

長方形のテーブルなら、「端の席」とか、区別する要素があるけどね。

「1 順序関係」の「No.5」と同じだよ。

本問では、選択肢まで含めて見ても、左右を区別する必要は全くないので、忘れてもいいけどね。

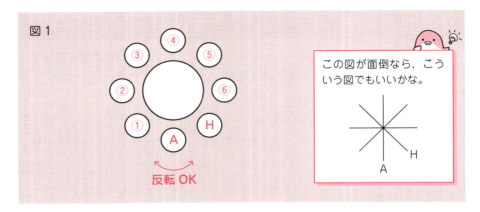

次に、条件イより、CとDの席を考えると、①と⑤、または、②と⑥のいずれかですが、これが決まれば、残る条件ウの3人の位置もわかりそうですので、次のように場合分けをします。

(1) CとDの席が①と⑤の場合

CとDは①と⑤のいずれでもいいので、図2のように、( )を付けて、「入れ替えOK」とします。

条件ウより、残る席で間に **2人おいて座れる2席は③と⑥のみ** なので、ここがFとGのいずれかになります。2人の間の④と⑤のうち、⑤はCまたはDですから、**④がEで、③がF、⑥がG** となりますね。

> Eは、間の2席のうち、Fに近いほうに座っているからだよ。

これより、残る **②がB** となり、図3のようになります。

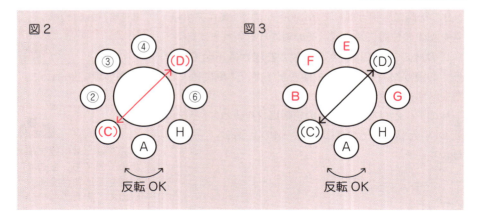

36

（2）CとDの席が②と⑥の場合

同様に、図4のように、CとDに（ ）を付けて、「入れ替えOK」とします。

条件ウより、残る席で**2人おいて座れる2席は①と④のみ**で、ここがFとGのいずれかになりますが、間の②と③のうち、②はCまたはDですから、**③がEで、④がF、①がG**になりますね。

これより、残る**⑤がB**となり、図5のようになります。

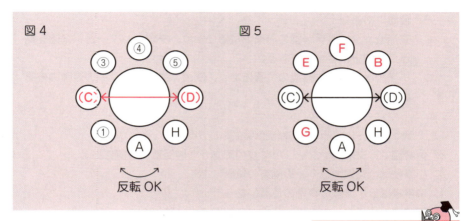

以上より、図3と図5がいずれも成立しますので、これらのいずれの場合においても確実にいえることを、選択肢から探します。

> 図全体が左右反転OKで、CとDも入れ替えOKだからね。

肢1 図3の場合、Aの隣がCになる可能性はありますが、ここは**Dの可能性**もあり、また、図5の場合は、Aの隣がCになることはありませんので、確実にはいえません。

肢2 図3、5のいずれの場合も、Bの隣がCになる可能性はありますが、**Dの可能性**もありますので、確実にはいえません。

肢3 図3、5のいずれの場合も、BとGは向かい合っていますので、確実にいえます。

肢4 図3、5のいずれの場合も、Eの隣がDになる可能性はありますが、**Cの可能性**もありますので、確実にはいえません。

肢5 図3の場合、FとHは向かい合っていますが、図5の場合は違いますので、確実にはいえません。

以上より、正答は肢3です。

正答》3

例題 3 方角の問題

出典 警視庁Ⅲ類 2024　難易度 ▶ ★ ★ ★

　ある地域には、交流センター、保育園、小学校、中学校、高校の5つの施設がそれぞれ異なる場所にあり、これらの位置関係について、次のア～ウのことがわかっているとき、確実にいえることとして、最も妥当なのはどれか。

　ア　保育園、小学校、中学校、高校は、交流センターからそれぞれ等距離の位置にある。
　イ　交流センターは保育園の南東の位置にあり、交流センターと保育園を結ぶ延長線上に中学校がある。
　ウ　小学校は保育園の真東の位置にあり、高校は交流センターの真南の位置にある。

1. 交流センターは、小学校の北西の位置にある。
2. 保育園は、交流センター、小学校の両方から等距離の位置にある。
3. 小学校は、交流センターの南東の位置にある。
4. 中学校は、小学校の真南の位置にある。
5. 高校は、小学校、中学校の両方から等距離の位置にある。

方角から位置関係を推理する問題です。北方向を上として地図を描いてみましょう。

解説

　北の方角を上として、5つの施設の位置を図に示していきましょう。
　まず、条件アより、交流センターを除く4つの施設は、交流センターから等距離にあるので、図1のような、**交流センターを中心とした同じ円の円周上**にあるとわかります。

> 中心から同じ距離にある点の集合が「円」ということだからね。

　そうすると、条件イより、**保育園は交流センターの北西**にありますので、図1の位置に取ると、同じ円周上で、保育園と交流センターを結ぶ延長線上にある中学校の位置も、図のようにわかります。

図1

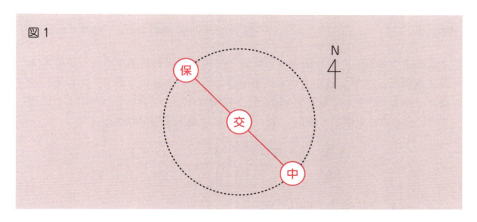

また、条件ウより、**同じ円の円周上**で、保育園の真東に小学校、交流センターの真南に高校があり、図2のようになります。

図2

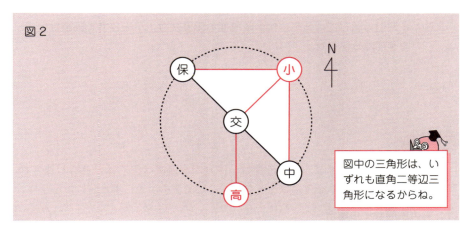

図中の三角形は、いずれも直角二等辺三角形になるからね。

図2より、**中学校は小学校の真南**にあるとわかり、正答は肢4です。

正答》4

No.1

出典 海上保安校（特別）2023　難易度 ★☆☆☆

　図のようなア〜カの6部屋からなる2階建ての建物があり、A〜Dの4人が1部屋に1人ずつ住んでいる。ある日、Eが引っ越してきて、同じ階の隣接する住人と、上下で接する部屋の住人に贈物をした。A〜Dが次のように述べているとき、Eが引っ越してきた部屋として最も妥当なのはどれか。

2階	ア	イ	ウ
1階	エ	オ	カ

A：私は、アの部屋に住んでいる。
B：Eが引っ越してきた後も、私の下の部屋は空き部屋である。私は贈物をもらった。
C：私は、贈物をもらわなかった。
D：Eが引っ越してくる前、私の隣接する部屋及び上下で接する部屋は全て空き部屋であった。

1. イ　　2. ウ　　3. エ　　4. オ　　5. カ

解説

　AとBの発言より、まず、Bの部屋は、**下が空き部屋なので2階**となりますが、アはAの部屋ですから、**イまたはウ**となり、ここで次のように場合分けをします。

(1) Bの部屋がイの場合

　Bの発言から、Bの下の**オは空き部屋**で、**Eの部屋はウ**とわかります（図1）。

> EはBに贈物をしているので、Bの隣か下だからね。

　そうすると、Cの発言より、**Cの部屋はカではない**ので、エに決まり、残る**Dの部屋はカ**で、Dの発言も満たします（図2）。

> CはEから贈物をもらってないからだよ。

図1

A	B	E
	空	

図2

A	B	E
C	空	D

02 位置関係

（2）Bの部屋がウの場合

　同様に、Bの発言から、**Eの部屋はイ**とわかります（図3）。

　また、Cの発言より、**Cの部屋はエ**に決まり、残る**Dの部屋はオ**になりますが、この場合、Eが引っ越してくる前も、**Dの隣にCの部屋があり**、Dの発言を満たしません（図4）。

図3

A	E	B
		空

図4

A	E	B
C	D	空

　よって、図2のように決まり、これより、正答は肢2です。

正答≫2

41

No.2

出典 ▶ 警視庁Ⅲ類 2021　　難易度 ▶ ★★☆

次の図のような交差点の道路沿いに①〜⑧の8つの区画があり、このうち6区画にはA〜Fの6棟のタワーマンションが1棟ずつ建っていて、2区画は空き地になっている。さらに次のア〜エのことがわかっているとき、確実にいえることとして最も妥当なのはどれか。

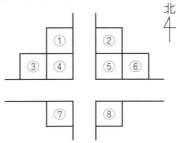

ア　Aの道路をはさんだ正面は空き地である。
イ　Bの西隣にDがある。
ウ　Bの道路をはさんだ正面にEがある。
エ　Cの道路をはさんだ正面にFがある。

1．AとBは隣り合っている。
2．Cは⑧の区画に建っている。
3．Eの隣の区画は空き地である。
4．EとFは道路をはさんで向かい合っている。
5．空き地の1つは⑥の区画にある。

解説

条件イ、ウより、Bは、西隣にタワーマンションがあるので、④または⑥ですが、道路をはさんだ正面にもタワーマンションがあるため、⑥ではなく④とわかり、その西隣の③がDとなります（図1）。

図1

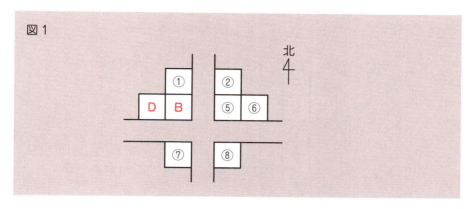

　また、条件ウより、**Eは⑤または⑦**ですが、これがわかれば、残る条件ア、エも記入できそうですので、ここで場合分けをします。

(1) Eが⑤の場合
　残る区画で、向かい合っているのは、**①と②、⑦と⑧**ですから、条件ア、エより、この**片方がAと空き地**で、もう**片方がCとF**となり、残る**⑥は空き地**となります（図2）。

図2

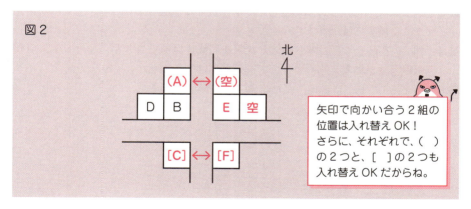

矢印で向かい合う2組の位置は入れ替えOK！
さらに、それぞれで、（ ）の2つと、[ ]の2つも入れ替えOKだからね。

(2) Eが⑦の場合
　同様に、向かい合っているのは、**①と②、⑤と⑧**ですから、この**片方がAと空き地**で、もう**片方がCとF**となり、やはり、**⑥は空き地**となります（図3）。

図3

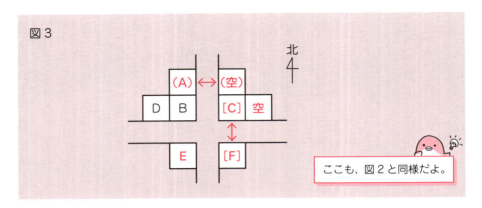

　これより、図2、3のいずれも成立しますので、それぞれの図の「入れ替えOK」の部分に注意して、選択肢を確認します。

肢1　図2、3とも、Aは、Bの隣の可能性はありますが、Aと向かいの空き地を入れ替えた場合なども考えられますので、確実にはいえません。

肢2　図2、3とも、Cは⑧の可能性はありますが、CとFを入れ替えた場合なども考えられますので、確実にはいえません。

肢3　図2の場合は、Eの隣に空き地がありますが、図3の場合は、Eの隣に区画がなく、確実にはいえません。

肢4　図2、3とも、Eの向かいにFが来る可能性はありますが、CとFを入れ替えた場合なども考えられますので、確実にはいえません。

肢5　図2、3とも、空き地の1つは⑥で、確実にいえます。

　以上より、正答は肢5です。

正答》5

No.3

出典 海上保安大学校等 2018　難易度 ★★★

　図のように2台の長机と8脚のイスが並んでいる。このイスにA〜Hの8人が前を向いて座り、弁当が1個ずつ配られた。8人の席の配置と配られた弁当について次のことが分かっているとき、確実にいえるのはどれか。

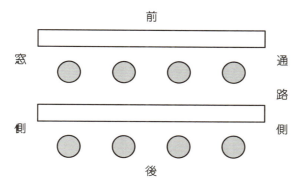

- ア　弁当は、シューマイ弁当、海苔弁当、ハンバーグ弁当、幕の内弁当、焼魚弁当、焼肉弁当の6種類で、そのうち2種類の弁当のみ2個ずつあった。
- イ　同じ種類の弁当は、席が隣どうしの人に配られた。
- ウ　Aの隣の席の人には、それぞれシューマイ弁当と幕の内弁当が配られた。
- エ　一番窓側の席にはBが座っていて、そのちょうど後ろの席の人には、ハンバーグ弁当が配られた。
- オ　焼肉弁当が配られた人の隣の席には、CとDが座っていた。
- カ　一番通路側の席のEには海苔弁当が配られ、そのちょうど前の席にはFが座っていた。
- キ　Gのちょうど後ろの席の人には、焼魚弁当が配られた。

1. AとHには同じ種類の弁当が配られた。
2. FとGには同じ種類の弁当が配られた。
3. Bにはシューマイ弁当が配られた。
4. Cには焼肉弁当が配られた。
5. Dには幕の内弁当が配られた。

解説

本問では、8人の位置関係を考えますが、配られた弁当という項目が加わりますので、<u>人と弁当を記入する位置を分ける</u>など、混乱のないように作業します。

「1 順序関係」の「例題 3」のようなタイプだね。
人同士、弁当同士が重ならないよう作業していこう。

ここでは、8脚のイスの位置は、図1のような形で表して、<u>上段に人</u>、<u>下段に弁当</u>を記入します。

まず、条件エより、<u>窓側の前の席はB</u>で、<u>その後ろの席にはハンバーグ弁当</u>が配られたことになります。

また、条件カより、<u>通路側の後ろの席はEで海苔弁当が配られ</u>、<u>その前の席はF</u>となります。

これより、これらを記入して、B、E、F以外の5人の席を、図のように①〜⑤とします。

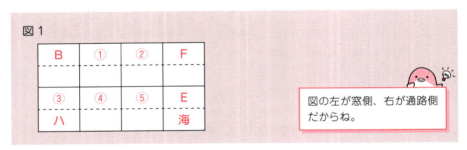

図の左が窓側、右が通路側だからね。

ここで、条件ウ、オ、キについて、それぞれ、図2のようなブロック図に表します。

( ) や [ ] が付いているのは、それぞれ入れ替え OK！

図2のブロックのそれぞれについて、図1の当てはまる場所を探すと、まず、条件オのブロックは、<u>前の列には入りませんが、後ろの列であれば、(③, ④, ⑤) の位置</u>に入るとわかり、ここに決まります（図3）。

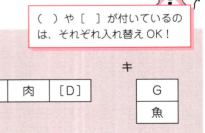

両端のBとFのいずれかが、CまたはDと重なるからね。

図3

B	①	②	F
[C]	④	[D]	E
ハ	肉		海

そうすると、条件キのブロックが入る場所は、**②とその後ろ（CまたはD）**に決まり、図4のように記入します。

図4

B	①	G	F
[C]	④	[D]	E
ハ	肉	魚	海

これより、条件ウのブロックは、前の列の**（B，①，G）**に決まり、図5のように記入します。

図5

B	A	G	F
（シ）		（幕）	
[C]	④	[D]	E
ハ	肉	魚	海

図5より、残る**④はH**とわかります。
　また、後ろの列の4人に配られた弁当は、いずれも異なりますので、条件ア、イより、**2個ずつあった弁当**は、前の列に配られた**シューマイ弁当と幕の内弁当**で、BとA、GとFにそれぞれ同じ弁当が配られたことになりますが、どちらの組にどちらの弁当が配られたかは確定しません（図6）。

47

図6

B	A	G	F
（シ）		（幕）	
[C]	H	[D]	E
ハ	肉	魚	海

　図6より、確定しないところに注意して、選択肢を確認します。

肢1　Aにはシューマイ弁当または幕の内弁当で、Hには焼肉弁当が配られましたので、誤りです。

肢2　FとGには、シューマイ弁当または幕の内弁当のいずれか同じ弁当が配られましたので、確実にいえます。

肢3　Bには、シューマイ弁当が配られた可能性はありますが、幕の内弁当の可能性もあり、確実にはいえません。

肢4　Cには、ハンバーグ弁当か焼魚弁当のいずれかが配られましたので、誤りです。

肢5　肢4と同様に、Dにも、ハンバーグ弁当か焼魚弁当のいずれかが配られましたので、誤りです。

　以上より、正答は肢2です。

正答》2

No.4

出典 東京都Ⅲ類 2019 難易度 ▶ ★ ★ ★

　A～Fの6人が等間隔で円形のテーブルの周りに座っており、それぞれが席順について以下の発言をしている。

　A　「私の右隣はCではない」
　B　「私の右隣はDではない」
　C　「私の左隣はDではない」
　D　「私の右隣はEである。」
　E　「私の右隣はCではない。」
　F　「私の正面はBである。」

以上から判断して、Cの正面に座っている人として、正しいのはどれか。

1. A　　2. B　　3. D　　4. E　　5. F

解説

　図1のように、円卓の周りに等間隔に6つの席を配置します。
　まず、Dの発言より、Dを図1の位置に決め、その右隣にEを入れ、残る席を①～④とします。

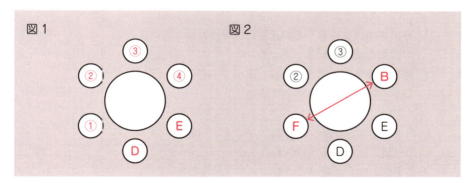

　次に、Fの発言より、FとBの席は①と④のいずれかですが、Bの発言より、**BはDの左隣ではない**ので、**①はFで、④がB**となります（図2）。
　そうすると、残る**②と③はAとC**で、この2人は隣り合っているわけですが、Aの発言より、Cは、Aの右隣ではないので、**②がA**で、その左隣の**③がC**となります。

これより、図3のように決まり、残るCとEの発言も満たしますね。

図3

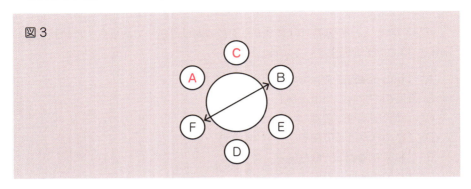

図3より、**Cの正面はD**となり、正答は肢3です。

正答》3

No.5 出典▶裁判所職員一般職（高卒）2023　難易度▶★★★

　A、B、C、D、E、Fの6人が円卓を囲んで等間隔に座り、会議をしている。A～Cの3人が男性で、D～Fの3人が女性であり、6人のうち一人が司会を、他の一人が書記をしている。次のア～エのことがわかっているとき、確実にいえるものはどれか。

　ア　Bの両隣は女性で、Bの正面には男性が座っている。
　イ　Cの隣の隣にEが座っている。
　ウ　書記は男性で、正面にはDが座っている。
　エ　Dの右隣は女性の司会者である。

1. Aの正面にはDが座っている。
2. Aの右隣にはCが座っている。
3. Eの正面にはFが座っている。
4. 司会はFである。
5. 書記はCである。

解説

図1のように、円卓の周りに等間隔に6つの席を配置します。

まず、条件アより、B（男性）を図1の位置に決め、残る席を①～⑤とすると、①と⑤は女性で、③は男性となり、図のようになります。

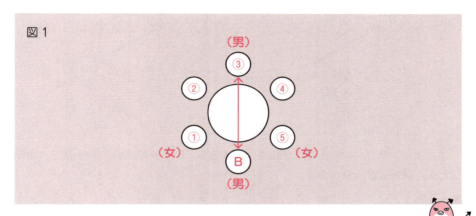

図1

次に、条件ウより、書記は男性ですが、**正面はD（女性）**ですから、Bや③ではないので、**②または④**となります。

（この2人は男性同士で向かい合っているからね。）

しかし、条件エより、Dの右隣は女性ですが、**④の正面の右隣はB（男性）**ですから、**書記は②**で、その正面の**Dは⑤**、その右隣の**司会（女性）は④**となります（図2）。

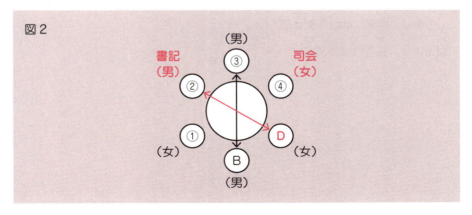

図2

さらに、条件イより、C（男性）は、②または③ですが、**②の場合、その隣の隣のE（女性）は④**に、**③の場合、Eは①**となり、残るA（男性）とF（女性）の席

51

もそれぞれ図3、4のように決まります。

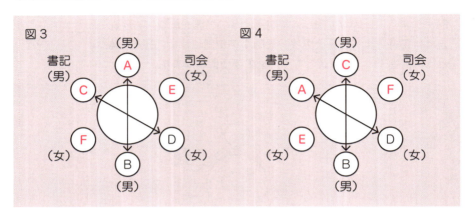

以上より、図3、4の2通りが成立しますので、いずれにおいても確実にいえることを、選択肢から探します。

肢1 図4より、Aの正面がDの可能性はありますが、図3より、Bの可能性もあり、確実にはいえません。

肢2 同様に、図3より、Aの右隣はCの可能性はありますが、図4より、Eの可能性もあり、確実にはいえません。

肢3 図3、4とも、Eの正面はFですから、確実にいえます。

肢4 図4より、司会はFの可能性はありますが、図3より、Eの可能性もあり、確実にはいえません。

肢5 同様に、図3より、書記はCの可能性はありますが、図4より、Aの可能性もあり、確実にはいえません。

以上より、正答は肢3です。

正答》3

No.6

出典 東京消防庁Ⅲ類 2024　難易度 ★★★

　平坦な土地にあるA～Eの5つの地点について、次のことがわかっているとき、Eの位置について確実にいえることとして、最も妥当なものはどれか。

ア　BはAの真東に4km進んだ位置にある。
イ　CはBの真北に3km進んだ位置にある。
ウ　DはAとCを結ぶ直線の延長戦上にあり、Cから10km離れた位置にある。
エ　EはAから5km離れた位置にある。
オ　DはEの真西に位置している。

1．Aの真東に位置している。
2．Cから6km離れている。
3．Dの真南に位置している。
4．Dから10km離れている。
5．Aより北側に位置している。

解説

　北の方角を上として、A～Eの位置を図に示していきましょう。
　まず、条件ア、イより、A、B、Cの位置関係は、図1のようになります。
　ここで、<u>三平方の定理</u>より、AとCの距離は <u>5km</u> とわかりますね。

数的推理で頻出の定理だよ。

図1

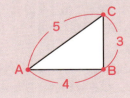

　次に、条件ウより、Dは図2の①、②のいずれかの位置にあるとわかります。

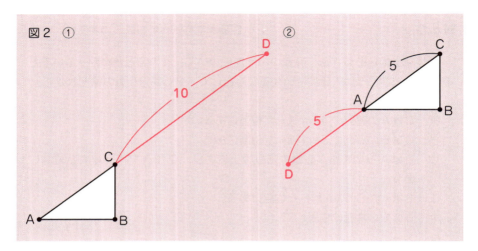

さらに、条件エより、EはAから5kmの位置にありますので、図3のように、**Aから半径5kmの円の円周上**にあるとわかります。

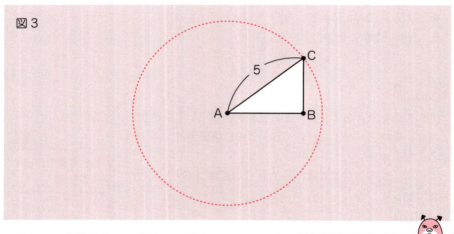

ここで、条件オより、図3の円周上にあるEの**真西にD**があるわけですから、<u>Dは図2の②のほうに決まり</u>、図4のようになります。

①のDの真西に、図3の円周上の点なんてないからね。

三角形CABと三角形CDEは相似ですから、**三角形CDEの三辺比も「3：4：5」**になり、CD＝10kmより、CE＝6km、DE＝8kmとわかります。

図 4

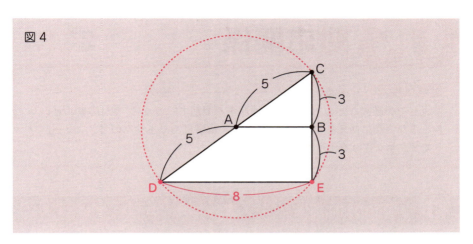

これより、正答は肢 2 です。

正答》2

section

03 対応関係

重要度 ▶ ★★★
頻出度 ▶ ★★★

ガイダンス

人とその職業などの対応関係を推理する問題で、多くは、「対応表」といわれる表が便利に使えます。表は丁寧に書く必要はありませんので、フリーハンドでサクサク書けるようにしておきましょう。

例題 1 2項目の対応関係　　出典 東京消防庁Ⅲ類 2023　　難易度 ▶ ★★★☆

野球、サッカー、ラグビー、バレーボール、バスケットボールの5種類で球技大会が実施されることになった。A〜Dの4人は、5種類の中から2種類以上を選んで出場することにした。次のア〜オのことがわかっているとき、確実にいえることとして、最も妥当なものはどれか。

ア　Aは3種類の球技を選んだが、バレーボールは選ばなかった。
イ　AとB、BとDはそれぞれ1種類だけ同じ球技を選んだ。
ウ　A、B、Dの3人ともが共通して選んだ球技はなかった。
エ　BとCが共通して選んだのは野球だけであった。
オ　バスケットボールを選んだのは3人、サッカーを選んだのは1人、その他の球技を選んだのはそれぞれ2人であった。

1. Aは、野球を選んだ。
2. Bは、ラグビーを選んだ。
3. Cは、サッカーを選んだ。
4. Dは、バレーボールを選ばなかった。
5. CとDは、同じ種類の球技を選ばなかった。

A〜Dの4人と5種類の球技という2つの項目の対応関係を推理する問題です。この2項目で「対応表」を作成して作業していきましょう。

03 対応関係

解説

　A〜Dの4人と5種類の球技で、表1のような「対応表」を作成し、選んだ球技に〇、選ばなかった球技に×を記入していきます。

　条件ア、オに、Aが選んだ球技の数や、各球技を選んだ人数が与えられていますので、「合計欄」を用意し、それぞれ記入します。

　さらに、条件ア、エより、Aのバレーに×、BとCの野球に〇を記入すると、野球を選んだのは2人ですから、残るAとDには×が入ります（表1）。

表1

	野	サ	ラ	バレ	バス	計
A	×			×		3
B	〇					
C	〇					
D	×					
計	2	1	2	2	3	10

　表1より、Aが選んだのは、野球、バレー以外の3種類で、ここに〇を記入します。

　そうすると、サッカーを選んだ1人はAとなり、他の3人に×が入りますね（表2）。

表2

	野	サ	ラ	バレ	バス	計
A	×	〇	〇	×	〇	3
B	〇	×				
C	〇	×				
D	×	×				
計	2	1	2	2	3	10

　ここで、条件イより、まず、AとBが選んだ同じ球技を考えると、表2より、ラグビー、バスケのいずれかとなります。

57

しかし、AとBがバスケを選んだ場合、バスケを選んだ残る1人が、Cであれば条件エに、Dであれば条件ウに反しますので、AとBが選んだのはラグビーとわかります。

　また、BとDが選んだ同じ球技についても、バスケだとすると、A、B、Dの3人が選んだことになり、条件ウに反しますので、バレーとわかります（表3）。

表3

	野	サ	ラ	バレ	バス	計
A	×	○	○	×	○	3
B	○	×	○	○		
C	○	×	×	×		
D	×	×	×	○		
計	2	1	2	2	3	10

　残るバスケについて、条件より、各人は2種類以上選んでいますので、CとDが選んだとわかり、表4のように決まります。

> CとDは、表3の段階でまだ○1個だからね。

表4

	野	サ	ラ	バレ	バス	計
A	×	○	○	×	○	3
B	○	×	○	○	×	3
C	○	×	×	×	○	2
D	×	×	×	○	○	2
計	2	1	2	2	3	10

　これより、正答は肢2です。

正答》2

03 対応関係

3項目の対応関係

出典 警視庁Ⅲ類 2020　難易度 ★★★

　A〜Dの4人の職業はそれぞれ異なり、医師、弁護士、教師、パイロットのいずれかである。また、国籍もそれぞれ異なり、日本人、アメリカ人、イギリス人、中国人のいずれかである。以下のことがわかっているとき、確実にいえることとして、最も妥当なのはどれか。

ア　Aと弁護士の2人は中国人のSNSをフォローしている。
イ　アメリカ人と中国人の2人は医師の診察を受けたことがある。
ウ　弁護士はCから法律相談を受けたことがある。
エ　Bと日本人の2人は教師とメールで連絡を取り合っている。
オ　Cと教師と医師の3人は日本人の家に招待されたことがある。

1. Aはアメリカ人である。
2. Cは教師である。
3. Dは中国人である。
4. 弁護士はイギリス人である。
5. パイロットは日本人である。

人と職業と国籍という3項目の対応関係を推理する問題です。2項目のときとは、対応表の作り方も変わってきますし、情報の整理の仕方にも工夫が必要になります。

解説

　A〜Dの4人と、その職業と国籍で、表1のような対応表を作成します。
　条件アより、**Aと弁護士と中国人は別人**ですから、**Aの弁護士と中国人に×**を記入します。
　同時に、**弁護士と中国人が別人**であることも忘れないように、例えば、表の下にメモするなどしておきましょう。

表1

	医	弁	教	パ	日	ア	イ	中
A		×						×
B								
C								
D								

中×　　　　　　　　　　　　　　　弁×

　次に、条件イより、**アメリカ人と中国人と医師は別人**ですから、条件アと同様に、表の下へメモします。

　同様に、条件ウ〜オより、**弁護士とC、Bと日本人と教師、Cと教師と医師と日本人もそれぞれ別人**ですから、これらを表2のよう記入します。

表2

	医	弁	教	パ	日	ア	イ	中
A		×						×
B			×		×			
C	×	×	×		×			
D								

ア×　　中×　　日×　　　　　教×　医×　　　　弁×
中×　　　　　　　　　　　　医×　　　　　　　医×
日×

　A〜Dの職業や国籍はそれぞれ**1つに○**が入りますが、条件より、各人の職業や国籍はいずれも異なりますので、**職業や国籍にも○は1つずつ**となります。

　ここで、表2より、**Cはパイロット**とわかりますので、ここに○を記入すると、他の人のパイロットには×が入ります。

　そうすると、Cは日本人ではないので、**パイロットも日本人ではない**とわかり、同様に、表の下へメモしておきます（表3）。

> それぞれの対応表で縦にも横にも○は1つずつってことだよ。
> ○が入ったら、他のところには×を入れるのを忘れないように。

60

表3

	医	弁	教	パ	日	ア	イ	中
A		×		×				×
B			×	×	×			
C	×	×	×	○	×			
D				×				

| ア×
中×
日× | 中× | 日× | 日× | 教×
医×
パ× | 医× | | 弁×
医× |

表3のメモより、医師は、アメリカ人、中国人、日本人ではないので、**イギリス人**とわかり、同様に、**日本人は弁護士**とわかります。

これより、**Cは医師ではないのでイギリス人ではなく、Bは日本人ではないので弁護士ではない**とわかり、それぞれ×を記入すると、弁護士はDであるとわかり、同時に、弁護士は日本人なので、**Dは日本人**とわかり、表4のようになります。

表4

	医	弁	教	パ	日	ア	イ	中
A		×		×	×			×
B		×	×	×	×			
C	×	×	×	○	×		×	
D	×	○	×	×	○	×	×	×

| ア×
中×
日× | 中× | 日× | 日× | 教×
医×
パ× | 医× | | 弁×
医× |

表4より、**教師のAに○**が入り、残る**Bの医師に○**が入ります。

これより、**B（＝医師）はイギリス人**なので、ここに○を入れると、**中国人はC**で、残る**アメリカ人はA**となり、表5を得ます。

61

表5

	医	弁	教	パ	日	ア	イ	中
A	×	×	○	×	×	○	×	×
B	○	×	×	×	×	×	○	×
C	×	×	×	○	×	×	×	○
D	×	○	×	×	○	×	×	×
	ア× 中× 日×	中×	日×	日×	教× 医× パ×	医×		弁× 医×

これより、正答は肢1です。

正答≫1

03 対応関係

No.1

出典 海上保安学校（特別）2024　難易度 ▶ ★ ★ ★

　リンゴ、オレンジ、モモ、ビワの４種類のフルーツが２個ずつあり、A～Dの４人はそれぞれ異なるフルーツを食べられるように２個ずつもらった。次のことが分かっているとき、確実にいえるのはどれか。

　　ア　Aは、リンゴをもらったが、オレンジをもらわなかった。
　　イ　Bは、モモをもらったが、ビワをもらわなかった。
　　ウ　Dは、リンゴをもらった。
　　エ　CとDがもらったフルーツの中には、同じ種類のフルーツがあった。

1. AとBがもらったフルーツの中には、同じ種類のフルーツはなかった。
2. AとCがもらったフルーツの中には、同じ種類のフルーツがあった。
3. AとDがもらった２個のフルーツは、同じ組合せであった。
4. BとCがもらったフルーツの中には、同じ種類のフルーツはなかった。
5. BとDがもらったフルーツの中には、同じ種類のフルーツはなかった。

解説

　A～Dの４人と、４種類のフルーツで対応表を作成します。
　４種類のフルーツは**２個ずつ**あり、各人は**２個ずつ**もらいますので、これを合計欄に記入し、条件ア～ウからわかることを記入して、表１を得ます。

> この程度なら、書かなくても、覚えていられればいいかな。

表１

	リ	オ	モ	ビ	計
A	○	×			2
B			○	×	2
C					2
D	○				2
計	2	2	2	2	8

表１より、リンゴをもらった２人はAとDの２人ですから、**BとCに×を記入**

63

します。

　これより、Bの列に×が2つ入りましたので、残るオレンジに〇が入りますね（表2）。

表2

	リ	オ	モ	ビ	計
A	〇	×			2
B	×	〇	〇	×	2
C	×				2
D	〇				2
計	2	2	2	2	8

　ここで、条件エより、CとDがもらった同じ種類のフルーツについて考えます。

　表2より、リンゴ以外のいずれかですが、オレンジとモモはBがもらっていますから、CとDがもらうと全部で3つになり、条件に反します。

　よって、CとDがもらったのはビワとわかり、これを記入すると、Aのビワに×が入りますので、Aがもらったもう1種類はモモとわかります（表3）。

表3

	リ	オ	モ	ビ	計
A	〇	×	〇	×	2
B	×	〇	〇	×	2
C	×			〇	2
D	〇			〇	2
計	2	2	2	2	8

　表3より、モモのCとDに×が入り、Cのオレンジに〇が入って、表4のように決まります。

03 対応関係

表4

	リ	オ	モ	ビ	計
A	○	×	○	×	2
B	×	○	○	×	2
C	×	○	×	○	2
D	○	×	×	○	2
計	2	2	2	2	8

これより、正答は肢5です。

正答》5

No.2

出典 裁判所職員一般職（高卒）2022　　難易度 ▶ ★ ★ ☆

A、B、C、Dの4人が食事会をして、食後にデザートを注文した。4人が注文したものはアイスクリーム、イチゴタルト、チーズケーキ、ヨーグルトのいずれか1つで、それぞれ異なっており、さらに次のア～エのことがわかっているとき、確実にいえるものはどれか。

ア　Aが注文したのはアイスクリームでもチーズケーキでもない。
イ　Bはイチゴタルトかチーズケーキのいずれかを注文した。
ウ　Cが注文したものはイチゴタルトでもヨーグルトでもない。
エ　Dはアイスクリームかヨーグルトのいずれかを注文した。

1. Aが注文したものがイチゴタルトなら、Cが注文したものはチーズケーキである。
2. Aが注文したものがイチゴタルトなら、Dが注文したものはアイスクリームである。
3. Bが注文したものがチーズケーキなら、Dが注文したものはヨーグルトである。
4. Cが注文したものがチーズケーキなら、Aが注文したものはイチゴタルトである。
5. Dが注文したものがアイスクリームなら、Bが注文したものはチーズケーキである。

65

解説

A～Dの4人と、4種類のデザートで対応表を作成します。

条件より、各人は1つずつ注文し、それぞれ異なっているので、どのデザートも1人が注文したことになります。

すなわち、対応表の縦、横、いずれの列にも〇は1つずつ入ることになりますね。

まず、条件イより、Bが注文したのは、アイスクリームでもヨーグルトでもありません。

また、条件エより、Dが注文したのは、イチゴタルトでもチーズケーキでもありませんね。

これらと、条件ア、ウを記入して、表1を得ます。

> 〇が1つ入ったら、その列の他のところには×を記入することになるね。

表1

	ア	イ	チ	ヨ
A	×		×	
B	×			×
C		×		×
D		×	×	

表1より、A～Dそれぞれが注文したデザートは2種類まで絞られていますが、他に条件はありませんので、これ以上は確定しませんね。

さらに、選択肢を見ると、「～なら」とありますので、複数の方法が成立するようですから、ここから、場合分けをすることにします。

A～Dの誰でもいいのですが、とりあえず、Aが注文したデザートで次のように場合分けをします。

(1) Aがイチゴタルトを注文した場合

Aのヨーグルトと、イチゴタルトのBに×が入りますので、ヨーグルトはDに、Bはチーズケーキに決まり、それぞれ〇を記入します（表2）。

表2

	ア	イ	チ	ヨ
A	×	○	×	×
B	×	×	○	×
C		×		×
D		×	×	○

　表2より、Dのアイスクリームと、チーズケーキのCに×が入り、残るCはアイスクリームとわかり、表3のように成立します。

表3

	ア	イ	チ	ヨ
A	×	○	×	×
B	×	×	○	×
C	○	×	×	×
D	×	×	×	○

（2）Aがヨーグルトを注文した場合

　同様に、Aのイチゴタルトと、ヨーグルトのDに×が入り、**イチゴタルトはBに、Dはアイスクリーム**に決まります。

　さらに、Bのチーズケーキと、アイスクリームのCに×が入り、残るCはチーズケーキとわかり．表4のように成立します。

表4

	ア	イ	チ	ヨ
A	×	×	×	○
B	×	○	×	×
C	×	×	○	×
D	○	×	×	×

これより、表3、4の2通りが成立しますので、ここから、選択肢を確認します。

肢1 Aがイチゴタルトを注文したのは表3の場合ですが、このとき、Cはアイスクリームを注文していますので、誤りです。

肢2 肢1と同様に、表3の場合ですが、このとき、Dはヨーグルトを注文していますので、誤りです。

肢3 Bがチーズケーキを注文したのは表3の場合ですが、このとき、Dはヨーグルトを注文していますので、確実にいえます。

肢4 Cがチーズケーキを注文したのは表4の場合ですが、このとき、Aはヨーグルトを注文していますので、誤りです。

肢5 Dがアイスクリームを注文したのは表4の場合ですが、このとき、Bはイチゴタルトを注文していますので、誤りです。

以上より、正答は肢3です。

正答》3

No.3

出典 特別区経験者 2023　難易度 ▶ ★ ★ ★

A～Fの6人が、パン屋であんパン、カレーパン、クリームパン、メロンパンの4種類のパンのうち、種類の違うものをひとり2個ずつ注文した。今、次のア～カのことが分かっているとき、確実にいえるのはどれか。

ア　6人が注文したパンの組合せは、それぞれ違っていた。

イ　Aは、クリームパンを注文した。

ウ　B、D、Fの注文したパンの1つは、同じ種類であった。

エ　Cは、あんパンとカレーパンを注文した。

オ　Dは、あんパンを注文した。

カ　Eは、Fと違う種類のパンを注文した。

1. Aは、あんパンとクリームパンを注文した。
2. Bは、クリームパンとメロンパンを注文した。
3. Dは、あんパンとカレーパンを注文した。
4. Eは、カレーパンとメロンパンを注文した。
5. Fは、あんパンとメロンパンを注文した。

03 対応関係

解説

A〜Fの6人と4種類のパンで対応表を作成します。

条件より、**1人2個ずつ**ですが、今回は表に記入せず、覚えておくことにしましょう。

条件イ、エ、オを記入すると、Cには**○が2個**入りましたので、残る2か所には×を記入します。

また、条件アより、**Dはカレーパンを注文していません**ので、×を記入して、表1を得ます。

> これを注文すると、Cと同じ組合せになるからね。

表1

	あ	カ	ク	メ
A			○	
B				
C	○	○	×	×
D	○	×		
E				
F				

ここで、条件ウより、B、D、Fの3人が注文した同じ種類のパンについて考えます。

表1より、カレーパンはDが注文していないので、残る3種類のいずれかですが、条件アより、3人が注文した**もう1つはいずれも異なる**ことになりますから、例えば、3人がともにあんパンを注文した場合、3人の組合せは、以下のいずれかが1人ずつとなります。

（あんパン，カレーパン）（あんパン，クリームパン）（あんパン，メロンパン）

しかし、（あんパン，カレーパン）の組合せは**Cが注文**していますので、3人のうち**誰か1人がCと同じ組合せ**になり、条件アに反します。

すなわち、3人が注文した同じ種類のパンは、**3人以外に注文している人はいない**ことになりますので、Cが注文しているあんパンや、Aが注文しているクリームパンでなく、**残るメロンパン**とわかります。

> 1つが同じだと、組合せは3通りしかないので、同じ種類のパンは3人しか注文していないからね。

69

これより、**B、D、Fのメロンパンに○**を記入すると、**AとEのメロンパンに×**が入り、さらに、Dが注文した2個がわかりますので、残るクリームパンに×が入ります。

　また、**BとFは、Dが注文したあんパンを注文していません**ので、ここに×を記入して表2を得ます。

表2

	あ	カ	ク	メ
A			○	×
B	×			○
C	○	○	×	×
D	○	×	×	○
E				×
F	×			○

　さらに、条件力より、EとFは違うパンを注文していますから、4種類のパンを2種類ずつ分けたことになり、Fが注文していない**あんパンはEが注文**したとわかります。

　そうすると、条件アより、**Eはカレーパンを注文していません**ので、残るクリームパンを注文し、Fがカレーパンを注文したとわかります（表3）。

> 同じあんパンを注文しているCをチェック！ 同じ組合せにならないようにね。

表3

	あ	カ	ク	メ
A			○	×
B	×			○
C	○	○	×	×
D	○	×	×	○
E	○	×	○	×
F	×	○	×	○

03 対応関係

残るAとBについても、条件アより、**Aはあんパンを、Bはカレーパンを注文していません**ので、表4のようにわかりますね。

> AはEと、BはFとそれぞれ同じ組合せにならないようにね。
> 条件アは、本問の最大のポイントかな。

表4

	あ	カ	ク	メ
A	×	○	○	×
B	×	×	○	○
C	○	○	×	×
D	○	×	×	○
E	○	×	○	×
F	×	○	×	○

これより、正答は肢2です。

正答》2

No.4

出典 裁判所職員一般職（高卒）2024　難易度 ★★☆

A、B、C、Dの4人は、月曜日から土曜日までローテーションで当番勤務をしている。次のア〜オのことがわかっているとき、土曜日の当番の組合せとして正しいものはどれか。

ア　火曜日と木曜日の当番は3人、それ以外の曜日は2人である。
イ　月曜日から土曜日までの各人の当番の日数は、3日か4日である。ただし、4日連続して勤務している者はいない。
ウ　Aは金曜日、Bは火曜日、Cは木曜日に勤務をしている。
エ　AとBが一緒に当番になるのは1日だけである。
オ　Bが当番の日は、Dは非番の日である。

1. AとB　　2. AとC　　3. AとD　　4. BとC　　5. CとD

解説

A〜Dの4人と、月曜日から土曜日までの6日間で対応表を作成します。

条件アより、各曜日の人数を表1のように記入し、さらに、条件ウを記入すると、条件オより、**火曜日はDが非番**とわかり、×を記入します（表1）。

表1

	月	火	水	木	金	土	計
A					○		
B		○					
C				○			
D		×					
計	2	3	2	3	2	2	14

表1より、火曜日は3人なので、**AとCに○**が入ります。

そうすると、条件エより、**AとBが一緒になる1日は火曜日**とわかり、その他の曜日は一緒にはならないので、**Bの金曜日に×**が入ります。

さらに、木曜日もAとBのいずれかは×ですから、**Dに○**が入りますね。

ここで、条件オについて考えると、BとDはともに当番になることはないわけですが、条件イより、当番の日数は**3日か4日**ですから、6日間のうちの**3日間ずつ**で、いずれの曜日も**どちらか片方が当番**をしているとわかります。

そうすると、表1の各曜日の合計より、AとCで、14－6＝8（日間）ですから、**それぞれ4日間**とわかりますね。

これより、**金曜日のDに○、木曜日のBに×**が入り、合計より、**金曜日のCには×、木曜日のAには○**が入ります。

表2

	月	火	水	木	金	土	計
A		○		○	○		4
B		○		×	×		3
C		○		○	×		4
D		×		○	○		3
計	2	3	2	3	2	2	14

表2より、Aの火曜日、木曜日、金曜日に○が入りましたので、条件イより、水曜日には×が入ります。

> 水曜日も○だと、4日連続になるからね。

そうすると、水曜日の当番は、BとDの片方とCの2人となり、Cは水曜日に○が入りますから、条件イより、月曜日に×が入ります。

これより、月曜日の当番も、BとDの片方と、あと1人はAですから、Aに○が入り、条件エより、Bに×で、Dに○とわかりますね。

ここで、Aに○が4つ、Cに×が2つ入りましたので、残る土曜日はAには×、Cには○が入ります（表3）。

表3

	月	火	水	木	金	土	計
A	○	○	×	○	○	×	4
B	×	○		×	×		3
C	×	○	○	○	×	○	4
D	○	×		○	○		3
計	2	3	2	3	2	2	14

表3より、Dに○が3つ入りましたので、残る水曜日と土曜日には、Dに×で、Bに○が入り、表4のように決まります。

表4

	月	火	水	木	金	土	計
A	○	○	×	○	○	×	4
B	×	○	○	×	×	○	3
C	×	○	○	○	×	○	4
D	○	×	×	○	○	×	3
計	2	3	2	3	2	2	14

これより、土曜日の当番はBとCで、正答は肢4です。

正答》4

No.5

出典 国家一般職（高卒）2019　難易度 ▶ ★ ★ ★

　A～Dの4人が受講している夏期講習では、受講者が1時間目、2時間目、3時間目に英語、国語、理科、社会の4科目からそれぞれ任意の1科目を選んで受講することになっている。次のことが分かっているとき、確実にいえるのはどれか。

　ただし、同一の科目を複数回受講した者はいなかったものとする。

　ア　AとBは、1時間目は互いに異なる科目を受講したが、2時間目は一緒に英語を、3時間目は一緒に国語を受講した。

　イ　C、Dは、他の人と、同じ時間には同じ科目を受講しなかった。

　ウ　Cは国語を受講しなかった。また、Dは社会を受講しなかった。

1. Aは、1時間目に理科を受講した。
2. Bが1時間目に受講した科目は、Cが2時間目に受講した科目と同じだった。
3. Cが1時間目に受講した科目は、Dが3時間目に受講した科目と同じだった。
4. Cは、3時間目に英語を受講した。
5. 4人全員が理科を受講した。

解説

A～Dの4人と、1時間目～3時間目で対応表を作成します。

本問では、「誰が何時間目に何を受講したか」を考えるので、表の中に科目を書き入れていくことにしましょう。

まず、条件アを表1のように記入します。

> いわゆる「時間割」を作るってことね。

表1

	1	2	3
A		英	国
B		英	国
C			
D			

条件より、AとBの1時間目は、英語でも国語でもないので理科か社会ですが、条件アより、片方が理科でもう片方が社会とわかります。

しかし、AとBの区別ができる情報はありませんので、表2のように（ ）を付けて入れ替えOKとしておきます。

表2

	1	2	3
(A)	理	英	国
(B)	社	英	国
C			
D			

理科と社会のほうに（ ）を付けてもOK！

また、条件ウより、Cは、英語、理科、社会の3科目、Dは、英語、国語、理科の3科目を受講していますが、条件イより、A、Bと同じ時間に同じ科目は受講していないので、Cの1時間目は、理科や社会ではなく、英語に決まり、ここから、Dの1時間目は国語に決まります（表3）。

表3

	1	2	3
（A）	理	英	国
（B）	社	英	国
C	英		
D	国		

　これより、Dのあと2科目は、英語と理科ですから、2時間目に理科、3時間目に英語とわかります。

　そうすると、Cのあと2科目は、理科と社会ですから、2時間目に社会、3時間目に理科となり、表4を得ます。

2時間目に英語だと、A、Bと同じになるからね。

表4

	1	2	3
（A）	理	英	国
（B）	社	英	国
C	英	社	理
D	国	理	英

　これより、選択肢を確認すると、肢1と2は可能性はありますが、確実にはいえず、正答は肢3です。

正答≫3

03 対応関係

No.6

出典 海上保安大学校等 2022 　難易度 ▶ ★ ★ ★

　A～Fの6人が、それぞれ、犬、猫、トカゲのいずれか1種類の動物を飼っており、豚肉、魚肉、野菜のいずれか1種類の食べ物を餌として与えている。6人が飼っている動物と餌について、次のことが分かっているとき、確実にいえるのはどれか。

　ア　動物と餌の組合せが同じ人はいなかった（例えば、犬を飼っていて、野菜を餌として与えている人が2人以上いることはなかった。）。
　イ　野菜を餌として与えられていた動物は、犬だけであった。
　ウ　豚肉を餌として与えていたのは、BとDだけであった。
　エ　猫を飼っていたのは、Aだけであった。
　オ　CとE、DとFは、それぞれ同じ動物を飼っていた。

1.　魚肉を餌として与えていたのは、2人だけであった。
2.　AとEは、同じ食べ物を餌として与えていた。
3.　Cは、トカゲを飼っていた。
4.　DとEは、同じ動物を飼っていた。
5.　Fは、魚肉を餌として与えていた。

解説

　A～Fの6人と、動物と餌で対応表を作成します。

　まず、条件ウより、**BとDの豚肉に〇**を記入します。豚肉はこの2人だけなので、他の人には×を記入しますね。

　同様に、条件エより、**Aの猫に〇**、他の人の猫に×を記入します。

　さらに、条件イより、猫には野菜は与えられていないので、Aの野菜に×を記入すると、Aは魚肉を与えているとわかり、ここまでで、表1を得ます。

77

表1

	犬	猫	ト	豚	魚	野
A	×	○	×	×	○	×
B		×		○	×	×
C		×		×		
D		×		○	×	×
E		×		×		
F		×		×		

　また、条件オより、CとE、DとFはそれぞれ同じ動物を飼っており、**犬かトカゲ**のいずれかですが、2組とも同じ動物を飼っている場合、4人のうち**いずれか2人は同じ餌を与えている**ことになりますので、**動物と餌の組合せが同じ**になって、条件アに反します。

　よって、この2組は、**片方が犬**で、もう**片方がトカゲ**となりますが、条件イより、**トカゲには野菜は与えられていない**ので、餌との組合せは以下の2通りです。

（トカゲ，豚）（トカゲ，魚）

　一方、犬には野菜も与えられますから、組合せは以下の3通りです。

（犬，豚）（犬，魚）（犬，野菜）

　これより、組合せは**全部で5通り**ですから、B〜Fの5人が1通りずつとわかり、CとE、DとFがそれぞれ同じ動物なので、**残るBは犬を飼っている**とわかります。

犬のほうは3通りあるからね。

　そうすると、Bは（犬，豚）の組合せですから、条件アより、同じ豚肉を与えているDは、犬ではなくトカゲとなり、**DとFがトカゲ、CとEが犬**を飼っているとわかります（表2）。

03 対応関係

表2

	犬	猫	ト	豚	魚	野
A	×	○	×	×	○	×
B	○	×	×	○	×	×
C	○	×	×	×		
D	×	×	○	○	×	×
E	○	×	×	×		
F	×	×	○	×		

　また、トカゲを飼っているDとFの餌は異なり、Dが豚肉ですから、**Fは魚肉**を与えているとわかり、残る<u>CとE</u>の餌については，<u>**魚肉か野菜のいずれか1つずつ**</u>となります（表3）。

> CとEに（　）を付けて、入れ替えOKとしておこう。

表3

	犬	猫	ト	豚	魚	野
A	×	○	×	×	○	×
B	○	×	×	○	×	×
（C）	○	×	×	×	○	×
D	×	×	○	○	×	×
（E）	○	×	×	×	×	○
F	×	×	○	×	○	×

では、表3から選択肢を確認します。

肢1　魚肉を与えているのは、A、Fと、CまたはEのいずれかで、合計3人で、誤りです。

肢2　Eは、Aと同じ魚肉を与えていた可能性はありますが、野菜の可能性もあり、確実にはいえません。

肢3　Cは犬を飼っていますので、誤りです。

肢4　Dはトカゲで、Eは犬を飼っていますので、誤りです。

肢5　Fは魚肉を与えていますので、確実にいえます。

79

以上より、正答は肢 5 です。

正答≫5

section | 04 試合の推理

04 試合の推理

重要度 ▶ ★★★
頻出度 ▶ ★★★

ガイダンス

試合の勝敗などを推理する問題で、リーグ戦とトーナメント戦が主ですが、たまに変わった問題もあります。特別区では毎年出題されており、裁判所や警視庁でも出題が多いです。

例題 1　リーグ戦

出典 ▶ 警視庁Ⅲ類 2021　　難易度 ▶ ★★★

A～Fの6チームによるサッカーの試合が1回戦総当たり形式で行われた。次のア～エのことがわかっているとき、確実にいえることとして、最も妥当なのはどれか。

ア　Aは2勝2敗1引き分けだった。
イ　BはCに勝ってAと引き分けた。
ウ　Cは3勝2敗で、Dは1勝4敗、Eは全勝だった。
エ　全試合中引き分けになったのは2試合で、1勝もできなかったチームはなかった。

1．AはCとFに勝った。
2．BはFに勝った。
3．Bは2勝した。
4．DはBと引き分けた。
5．FはDに勝った。

リーグ戦（総当たり戦）は、どのチームも他の全てのチームと1回ずつ対戦するという仕組みです。リーグ戦の問題のほとんどは、「勝敗表」という表に勝ち負けなどの情報を記入して考えます。スポーツの好きな人にはおなじみの表ですね。

解説

A～Fの6チームで、表1のような「勝敗表」を作成し、条件を記入します。

条件イの「BはCに勝った」は、同時に「Cは
Bに負けた」となりますので、**BC戦にそれぞれ
〇と×**を、「BはAと引き分けた」は、**AB戦に
それぞれ△**を、表のように記入します。

本問では、条件ア、ウに各チームの成績（勝敗
数）が与えられていますので、表の横に書き添え
ておきましょう。

> Bの横の列の対C戦に〇、Cの
> 横の列の対B戦に×だよ。〇と
> ×は必ずセット入れよう！ 引
> き分けも△は2個セットでね！

表1

	A	B	C	D	E	F	勝敗数
A		△					2勝2敗1分け
B	△		〇				
C		×					3勝2敗
D							1勝4敗
E							5勝0敗
F							

まず、条件ウより、Eは全勝（5勝0敗）ですから、他の全てのチームに勝ち、
他の5チームはいずれもEに負けていますので、表2のように記入します。

表2

	A	B	C	D	E	F	勝敗数
A		△			×		2勝2敗1分け
B	△		〇		×		
C		×			×		3勝2敗
D					×		1勝4敗
E	〇	〇	〇	〇		〇	5勝0敗
F					×		

これより、CはBとEに負けて「3勝2敗」ですから、**A、D、Fには勝ってお**
り、同様に記入します。

ここから、Aは、CとEに負けてBと引き分けて「2勝2敗1引き分け」ですか

82

04 試合の推理

ら、DとFに勝っており、同様に記入して表3を得ます。

表3

	A	B	C	D	E	F	勝敗数
A		△	×	○	×	○	2勝2敗1分け
B	△		○		×		
C	○	×		○	×	○	3勝2敗
D	×		×		×		1勝4敗
E	○	○	○	○		○	5勝0敗
F	×		×		×		

表3より、あと不明なのは、BD戦、BF戦、DF戦で、条件エより、このうちの1試合が引き分けであったわけですが、Dの成績は「1勝4敗」で引き分けはないので、BF戦が引き分けであったとわかります。

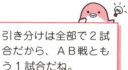

引き分けは全部で2試合だから、AB戦ともう1試合だね。

さらに、条件エより、Fも1勝はしていますので、DF戦はFが勝ち、残るBD戦はDが勝って、それぞれの成績もわかり、表4のようになります。

表4

	A	B	C	D	E	F	勝敗数
A		△	×	○	×	○	2勝2敗1分け
B	△		○	×	×	△	1勝2敗2分け
C	○	×		○	×	○	3勝2敗
D	×	○	×		×	×	1勝4敗
E	○	○	○	○		○	5勝0敗
F	×	△	×	○	×		1勝3敗1分け

これより、正答は肢5です。

正答 ≫ 5

83

例題2 トーナメント戦

出典 裁判所職員一般職（高卒）2024　難易度 ▶ ★★

A、B、C、D、E、F、G、Hの8チームが、下図のような形で将棋のトーナメント戦を行った。次のア〜オのことがわかっているとき、正しくいえるものはどれか。

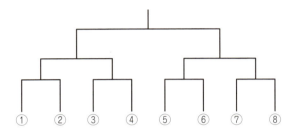

- ア　AはGに勝った。
- イ　HはCに勝った。
- ウ　EはDに勝った。
- エ　AはFと戦った。
- オ　HはGと戦った。

1. Aは決勝戦で敗れた。
2. Bは1回戦で勝った。
3. EはAに敗れた。
4. Gは2回戦で敗れた。
5. HはGに勝った。

> トーナメント戦（勝ち抜き戦）は、基本的に1回負けたらそこで敗退です（敗者復活戦など特別なルールの場合を除く）。ですから、何回も試合をしているチームは割と強いチームなので、そういうチームに着目してみるといいでしょう。

解説

まず、条件アより、AはGに勝っていますので、GはAに負けて、この時点で敗退しています。

しかし、条件オより、GはHとも戦っていますので、これはAに負ける前の対戦で、GはHに勝っており、その後

トーナメント戦は、1回負けたら終わりだからね。

でAと戦ったとわかります。

そうすると、Hは、Gに負けて敗退したわけですが、条件イより、HはCに勝っていますので、これも、Gに負ける前の対戦であったとわかります。

ここで、トーナメント表を見ると、1回戦→2回戦→3回戦（決勝戦）という流れですから、それぞれの対戦は、以下のようになります。

```
H＞C  →  1回戦
G＞H  →  2回戦
A＞G  →  3回戦（決勝戦）
```

すなわち、決勝戦で勝ったAは優勝となりますね。

与えられたトーナメント表の①～⑧には、特に区別はありませんので、1回戦のHC戦を（①，②）に、そこで勝ったHと2回戦で対戦したGを③に記入します。Gの決勝戦の相手であるAは、右側のブロック（⑤～⑧）から勝ち上がったことになりますので、Aを⑤に記入すると、図1のようになります。

図1

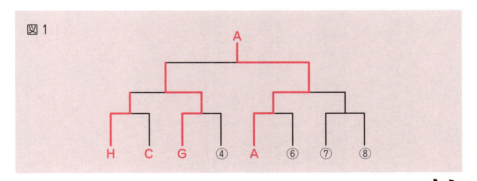

そうすると、条件ウより、EはDに勝っていますので、この対戦は、残る④、⑥、⑦、⑧で考えると、（⑦，⑧）とわかります。

さらに、条件エより、残る④と⑥で、Aと戦ったFは⑥に、残る④がBとなり、図2のようになります。

④と⑥は1回戦で敗退だからね。

85

図2

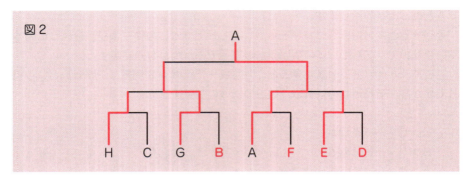

これより、正答は肢3です。

正答》3

04 試合の推理

例題3 その他の試合の推理
出典 特別区経験者 2024　難易度 ★★★

A、Bが、サッカーボールを蹴ってゴールに入った得点を競うゲームを行った。ルールは、A、Bの順で交互に5回ずつ蹴り、1回ゴールに入ると1点、外れると0点とし、多く得点を挙げた方が勝ちとする。また、両者とも5回蹴った段階で、得点が同じで勝敗がつかない場合は、勝敗がつくまで1回ずつ追加して蹴り続ける。その結果について、次のア～オのことが分かっているとき、確実にいえるのはどれか。

ア　Aの3回目は、得点を入れた。
イ　Aは、全部で4回得点を入れたが3回続けて入れたことはなかった。
ウ　Aが2回続けて外したことはなかった。
エ　両者とも、2回目は得点を入れた。
オ　続けて4回得点（両者2得点ずつ）を入れたことはなかった。

1. 両者とも6回目は得点を入れられなかった。
2. 両者とも7回目は得点を入れた。
3. 7回目で勝敗がついた。
4. Aが1点差で勝った。
5. Bが1点差で勝った。

試合の問題のほとんどは、リーグ戦かトーナメント戦の問題ですが、時おりまったく別の題材の問題も出題されます。勝率などの数量条件から推理するタイプや、本問のような、得点の順番を推理するタイプが割と多いですね。

解説

AとBで、何回目で得点を入れたかを表に整理します。
まず、条件ア、エを記入して、表1のようになります。

表1

	1	2	3	4	5
A		○	○		
B		○			

ここで、Aは、2、3回目と連続で得点したとわかりますが、条件イより、3回続けて入れてはいないので、**1回目と4回目には×**が入ります。
　また、条件オより、続けて4回の得点はなかったので、**Bの1回目と3回目には×**が入り、ここまでで表2を得ます。

表2

	1	2	3	4	5
A	×	○	○	×	
B	×	○	×		

選択肢を見ると、5回で勝負がつかなかった可能性が高いようだね。だったら、7、8回位まで用意しておいたほうがいいかもね。

　さらに、条件ウより、Aは2回続けて外したことはないので、**5回目は入れています**ね。
　そうすると、条件イより、Aは、2、3、5回目と、**あと1回**入れていますので、**5回蹴った段階では勝負がつかなかった**とわかります。
　すなわち、Bもまた、5回までで**Aと同じ3回得点を入れている**ことになり、4、5回目は入れています（表3）。

表3

	1	2	3	4	5
A	×	○	○	×	○
B	×	○	×	○	○

　表3より、Bの4回目から、2人続けて3回入れていますから、条件オより、**Aの6回目には×**が入りますね。
　そして、条件ウより、Aは2回続けて外していないので、**7回目は入れて**、これがAの最後の得点となります。
　また、Aが7回目を蹴ったということは、**6回目で勝負がついていないので、Bも6回目は外した**とわかり、ここまでで表4のようになります。

04 試合の推理

表4

	1	2	3	4	5	6	7
A	×	○	○	×	○	×	○
B	×	○	×	○	○	×	

　表4より、Aはこれ以上得点していませんが、この後も、2回続けて外してはいないので、8回目までで勝負はついていますね。

> Aの8回目と9回目に×が並ぶことはないからね。

　そうすると、このあとの展開として可能性があるのは、次の2通りとなります。

（1）Bが7回目に外した場合

　表5のように．Aの勝ちとなります。

表5

	1	2	3	4	5	6	7
A	×	○	○	×	○	×	○
B	×	○	×	○	○	×	×

（2）Bが7回目に得点を入れた場合

　7回目で勝負はつきませんので、表6のように、8回目は、Aが外して、Bが入れて、Bの勝ちとなります。

表6

	1	2	3	4	5	6	7	8
A	×	○	○	×	○	×	○	×
B	×	○	×	○	○	×	○	○

　表5、6の2通りが成立しますので、このいずれにおいても確実にいえることを選択肢から探すと、正答は肢1となります。

正答 》 1

89

No.1

出典 東京消防庁Ⅲ類 2022 　難易度 ▶ ★ ☆ ☆

A～Fの6チームがサッカーの総当たり戦を行ったところ、次のア～ウのような結果になった。このとき確実にいえることとして、最も妥当なのはどれか。

ア　引き分けた試合はなかった。
イ　A、B、Cはそれぞれ4勝1敗だった。
ウ　Dは2勝3敗だった。

1. AはBに敗れ、Dに勝った。
2. BはCに敗れ、Eに勝った。
3. CはAに敗れ、Fに勝った。
4. DはAに敗れ、Eに勝った。
5. EはDに敗れ、Aに勝った。

解説

条件イより、A、B、Cの3チームはそれぞれ1敗しかしていませんが、この3チームも互いに対戦していますので、この1敗の相手はA、B、Cの中のいずれかです。

たとえば、次のようなケースですね。

例）　AB戦	→	Aが負け
BC戦	→	Bが負け
CA戦	→	Cが負け

仮に、Aが、B、Cの両方に勝っていたとすると、BとCは、Aに1敗し、さらにBC戦の敗者は、もう1敗していることになるので、「それぞれ1敗」にはならないでしょ！

すなわち、A、B、Cの3チームは、A、B、C以外のチームには負けていませんので、D、E、Fには勝っているとわかります。

そうすると、条件ウより、Dは2勝3敗ですが、3敗の相手はA、B、Cですから、E、Fに勝っており、EとFは、A、B、C、Dに負けていますので、EF戦の勝敗により次のようになります。

04 試合の推理

A、B、C	→	4勝1敗
D	→	2勝3敗
EF戦の勝者	→	1勝4敗
EF戦の敗者	→	0勝5敗

> 本問のような、1敗のチームが何チームかあるという問題は、割とよくあるので、1敗の相手は互いの中にいることを思い出してね。このタイプは、勝敗表を書かなくても解けることが多いかな。

これより、選択肢を確認します。

肢1 Aは、BとCのいずれかに敗れていますが、確定しません。

肢2 同様に、Bは、AとCのいずれかに敗れていますが、確定しません。

肢3 同様に、Cは、AとBのいずれかに敗れていますが、確定しません。

肢4 確実にいえます。

肢5 Eは、Aに負けています。

以上より、正答は肢4です。

正答》4

No.2

出典 東京消防庁Ⅲ類 2024　難易度 ▶ ★ ★ ☆

A～Eの5組がドッジボールの総当たり戦を行った。次のことがわかっているとき、勝率が3位の組として、最も妥当なのはどれか。ただし、同じ組との対戦はそれぞれ1回とする。

ア　同じ勝率の組はなかった。

イ　引き分けはなかった。

ウ　AはCとDに勝った。

エ　Bは3勝1敗だった。

オ　DはCに勝ち、Eに負けた。

カ　Eは4勝0敗ではなかった。

1. A　　　2. B　　　3. C　　　4. D　　　5. E

91

解説

A～Eの5組で勝敗表を作成し、条件ウ、エ、オを、表1のように記入します。

表1

	A	B	C	D	E	勝敗数
A			○	○		
B						3勝1敗
C	×			×		
D	×		○		×	
E				○		

条件ア、イについて考えると、引き分けがないのであれば、勝率の大小は勝ち数のみで決まりますから、同じ勝ち数の組がなかったということになります。

> 勝ち数が多いほど勝率が大きいということね。

そうすると、各組は4試合ずつ行いますから、勝ち数は、4勝（全勝）～0勝（全敗）の5通りで、これらが1組ずつであったとわかりますね。

表1より、まず、全勝の組について調べると、3勝1敗のBと、すでに×が記入されているC、Dは可能性がありませんので、AまたはEですが、条件カより、Eではありませんので、Aに決まり、AはB、Eに勝って4勝0敗とわかります（表2）。

表2

	A	B	C	D	E	勝敗数
A		○	○	○	○	4勝0敗
B	×					3勝1敗
C	×			×		
D	×		○		×	
E	×				○	

表2より、同様に、全敗の組について調べると、すでに○が記入されているD、Eは可能性がありませんので、Cに決まり、CはB、Eに負けて0勝4敗とわかります（表3）。

92

表3

	A	B	C	D	E	勝敗数
A		○	○	○	○	4勝0敗
B	×		○			3勝1敗
C	×	×		×	×	0勝4敗
D	×		○		×	
E	×		○	○		

　表3より、3勝1敗のBは、残るD、Eに勝っており、ここから、**Dは1勝3敗、Eは2勝2敗**とわかり、表4のようになります。

表4

	A	B	C	D	E	勝敗数
A		○	○	○	○	4勝0敗
B	×		○	○	○	3勝1敗
C	×	×		×	×	0勝4敗
D	×	×	○		×	**1勝3敗**
E	×	×	○	○		**2勝2敗**

　これより、勝率順（勝ち数の多い順）について並べると、**A→B→E→D→C**となり、3位の組はEで、正答は肢5となります。

正答》5

No.3

出典▶ 特別区Ⅲ類 2020 難易度▶ ★ ★ ★

A～Eの5チームが、総当たり戦で野球の試合を行った。今、試合の結果について、次のア～エのことが分かっているとき、確実にいえるのはどれか。ただし、勝率は、（勝ち数）÷（勝ち数＋負け数）で計算し、引き分けは計算には入らないものとする。

ア　Aの勝率は7割5分であった。
イ　CとDの勝率は5割であったが、勝ち数は異なった。
ウ　DはBに負け、Cに勝った。
エ　Eは3敗1分であった。

1. AはCに勝った。
2. Bは勝率が1位であった。
3. Cは2勝2敗であった。
4. DはEと引き分けた。
5. EはBに負けた。

解説

A～Eの5組で勝敗表を作成し、条件を表1のように記入します。

表1

	A	B	C	D	E	勝	敗	引	勝率
A	\								7割5分
B		\		○					
C			\	×					5割
D		×	○	\					5割
E					\	0	3	1	

94

まず、与えられた「勝率」の計算式は、

$$勝率 = \frac{勝ち数}{勝ち数＋負け数}$$

「勝率」が与えられる問題はときどきあるけど、いつもこれと同じ定義だから、こういうものだと思って慣れておいてね。

となり、分母は「引き分けを除く試合数」で、分子は「そのうち何勝したか」を示す式になります。

この式から、条件アより、Ａの成績を考えると、

$$7 割 5 分 = 75\% = \frac{75}{100} = \frac{3}{4}$$

となり、分母（引き分けを除く試合数）は**最多で4**ですから、4試合のうち3勝、つまり、**3勝1敗（引き分けなし）**とわかります。

さらに、条件イより、ＣとＤの成績を考えると、

$$5 割 = 50\% = \frac{1}{2}$$

となり、分母が4までの数字であることを考えると、$\frac{1}{2}$ または $\frac{2}{4}$ の2通りです。

それぞれの成績について、まず、$\frac{2}{4}$ のほうは、4試合中の2勝なので、**2勝2敗（引き分けなし）**ですね。

また、$\frac{1}{2}$ のほうは、引き分けを除く試合数が2試合でそのうち1勝し、**残る2試合は引き分け**なので、**1勝1敗2分け**とわかります。

そうすると、条件イより、ＣとＤの勝ち数は異なりますので、**一方が2勝2敗、もう一方が1勝1敗2分け**となりますが、仮に、Ｄが後者だとすると、表1よりＤは、Ａ、Ｅと引き分けたことになりますね。

しかし、Ａは3勝1敗で引き分けはありませんので、**Ｄは2勝2敗**のほうで、**Ｃが1勝1敗2分け**とわかります。

そして、Ｃの引き分けの相手もＡではなく**残るＢとＥ**ですから、Ｃは**Ａには勝っている**とわかります（表2）。

表2

	A	B	C	D	E	勝	敗	引	勝率
A				×			3	1	0	7割5分
B			△	○						
C	○	△		×	△	1	1	2	5割
D		×	○			2	2	0	5割
E			△			0	3	1	

　表2より、Aは、B、D、Eに勝っているとわかり、これより、Dは残るEに勝って2勝2敗となります。

　また、Eは、A、B、Dに負けて3敗1分けとなり、ここから、Bは2勝1敗1分けとわかりますね（表3）。

> Bの勝率は、約6割7分だね。

表3

	A	B	C	D	E	勝	敗	引	勝率
A		○	×	○	○	3	1	0	7割5分
B	×		△	○	○	2	1	1	約6割7分
C	○	△		×	△	1	1	2	5割
D	×	×	○		○	2	2	0	5割
E	×	×	△	×		0	3	1	0

　これより、正答は肢5です。

正答》5

No.4

出典 警視庁Ⅲ類 2022　難易度 ▶ ★ ★ ★

A～Fの6人が、サッカーのPK対決のトーナメント戦を行い、次のア～カのことがわかっているとき、確実に言えることとして、最も妥当なのはどれか。

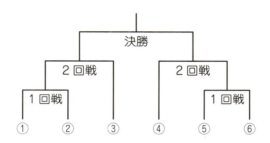

ア　優勝したのは、⑤であった。
イ　BはAに勝った。
ウ　CはBに勝った。
エ　Dは2回戦でFに負けた。
オ　EはFに負けた。
カ　FはCに勝った。

1. Aは①である。
2. Bは②である。
3. Cは③である。
4. Dは⑥である。
5. Eは④である。

解説

条件イ、ウ、カをまとめると、次のようになります。

　　F ＞ C ＞ B ＞ A

トーナメント戦は3回戦（決勝）までですから、次のようになりますね。

```
B＞A  →  1回戦
C＞B  →  2回戦
F＞C  →  決勝
```

これより、決勝に勝った**F は優勝**で、条件アより⑤となります。

そうすると、決勝の組合せから、右側のブロック（④，⑤，⑥）から勝ち上がったのがFで、左側のブロック（①，②，③）から勝ち上がったのがCとわかります。

ここから、**BC戦とその前のAB戦は左ブロック**のほうで、**①と②がAとBのいずれか、③がC**となります。

また、右ブロックについて、条件エより、2回戦でFに負けた**Dは④**、残る**⑥がE**で、図のようになり、残る条件オも満たします。

> オは、条件としては不要だったよね。
> たまに、こういうこともあるからね。

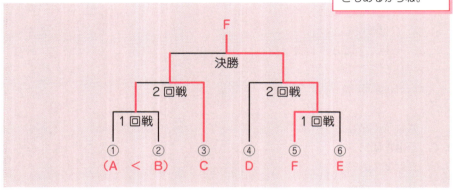

①と②の区別はできませんので、これを考慮して選択肢を確認すると、正答は肢3となります。

正答≫3

No.5

出典 特別区Ⅲ類 2024　難易度 ★★★

　A～Fの6人が、3人ずつ二つの組Ⅰ、Ⅱに分かれての総当たり戦と、その結果により下の図のような組み合わせとなるトーナメント戦とによる剣道の大会を行った。今、大会の結果について、次のア～カのことが分かっているとき、優勝したのはだれか。ただし、各試合とも引き分けはなかったものとする。

　ア　準優勝者は、2勝3敗だった。
　イ　AとBとの対戦成績は、1勝1敗だった。
　ウ　Bは、総当たり戦3位だった。
　エ　Cは、AとFに負けた。
　オ　Eは、BとDに負けた。
　カ　Fは1勝3敗だった。

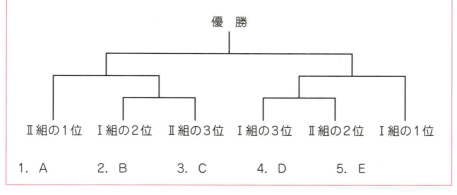

1. A　　2. B　　3. C　　4. D　　5. E

解説

　初めの3人ずつで総当たり戦を行っており、1位から3位まで**順位がついている**ことから、総当たり戦でのそれぞれの成績は以下のようであることを確認します。

　1位　→　2勝0敗
　2位　→　1勝1敗
　3位　→　0勝2敗

　そして、その後のトーナメント戦ですが、3回戦で決勝ですから、対戦数は**最多で3回**までで、1回負けたところで敗退ですから、**負け数は1まで**です。

優勝者以外は、全員1敗ということだよね。

これより、条件ア〜カについて確認します。

まず、条件アより、準優勝者は2勝3敗ですが、トーナメント戦での負け数は1ですから、**総当たり戦で2敗**しています。

総当たり戦とトーナメント戦合わせて2勝3敗ということだよ。

すなわち、準優勝者は、総当たり戦では**0勝2敗で3位**、トーナメント戦で2勝1敗だったことになります。

また、条件イより、AとBの対戦成績は1勝1敗なので、**2回対戦**していますから、**総当たり戦とトーナメント戦のそれぞれで対戦**したことになります。

AとBは総当たり戦で同じ組だったということだね。

しかし、条件ウより、Bは総当たり戦で3位ですから、0勝2敗なので、**総当たり戦ではAがBに勝ち、トーナメント戦ではBがAに勝った**とわかります。

さらに、条件カより、Fもまた、3敗しているので、**総当たり戦で2敗して3位**で、両方合わせて1勝3敗ですから、**トーナメント戦では1勝1敗**となります。

ここまでで、準優勝者、B、Fはいずれも総当たり戦で3位ですから、**BとFのいずれかが準優勝者**となりますが、準優勝者は2勝3敗で、Fは1勝3敗ですから、**Bが準優勝者**とわかり、次のようにまとめておきます。

3位は各組で1人ずつだからね。

B　総当たり戦で3位　→　トーナメント戦で2勝1敗（準優勝）
F　総当たり戦で3位　→　トーナメント戦で1勝1敗

ここで、トーナメント表を見ると、Ⅰ組とⅡ組は同条件で、これらを区別する条件もないことから、Bを「Ⅰ組の3位」、Fを「Ⅱ組の3位」のところに記入し、残りを図1のように、①〜④とします。

トーナメント戦では、Bは2勝して決勝戦で負け、Fは1勝した後、2回戦で負けていますので、2回戦でFに勝った①が決勝戦に進み、Bに勝って優勝したとわかりますね（図1）。

図1

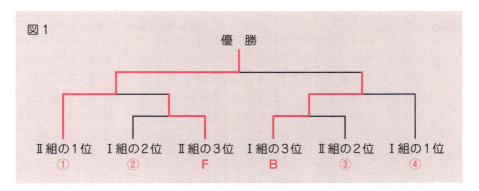

　ここで、Bの対戦相手について考えると、1回戦で③、2回戦で④と対戦しており、条件イより、いずれかがAですが、AとBは同じ組ですから、**Ⅰ組のほうの④**となります。
　また、条件オより、BはEに勝っていますので、**③はE**となりますね。

> Bは総当たり戦では1勝もしていないからね。

　そうすると、残るCとDが、①と②のいずれかですが、どちらも、トーナメント戦ではAと対戦していませんので、条件エより、**CはAに総当たり戦で負けた**ことになり、Aと同じⅠ組ですから②に、残るDが①になります（図2）。

> 条件オより、EとDが同じ組ということでもわかるよね。

図2

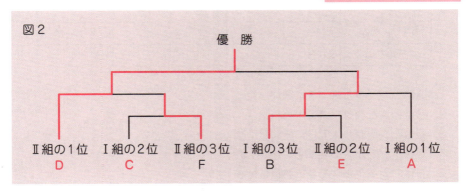

　よって、優勝したのはDで、正答は肢4です。

正答》4

No.6

出典 刑務官 2023　**難易度 ▶ ★ ★ ★**

　A～Dの4人のメンバーから成るXチームと、E～Hの4人のメンバーから成るYチームが卓球の対戦をした。試合形式には1対1で対戦するシングルスと2対2で対戦するダブルスがあり、両チームは、シングルス2試合（シングルス①、シングルス②）とダブルス3試合（ダブルス①、ダブルス②、ダブルス③）の合計5試合の対戦をした。次のことが分かっているとき、確実に言えるのはどれか。

ア　A～Hは、全員が2試合ずつ出場した。

イ　Xチームは3勝2敗で、Xチームの4人の勝敗は全員1勝1敗であった。

ウ　Hは、出場した2試合にいずれも勝利した。

エ　CとFが対戦した試合はなかった。

オ　試合の出場者と勝利チームについて一部が分かっており、それは表のとおりである。

試合	Xチーム		Yチーム		勝利チーム
	出場者	出場者	出場者	出場者	
シングルス①					
シングルス②					
ダブルス①	A	B	G	H	
ダブルス②			E		Yチーム
ダブルス③	B	D	E		

1.　Aは、シングルスでFに勝利した。
2.　Cは、Aとダブルスに出場した。
3.　Dは、シングルスでGに勝利した。
4.　Gは、ダブルスで2試合に出場した。
5.　Hは、シングルスでDに勝利した。

解説

　まず、条件イ、ウより、Xチームは3勝2敗ですが、Hが出場したダブルス①はYチームが勝っていますので、残る**シングルス①、②とダブルス③はXチームが勝利**したとわかります。

04 試合の推理

　そうすると、条件ウより、**Hが出場したもう1試合はダブルス②**となり、ここまでを表1のように記入します。

表1

試合	Xチーム		Yチーム		勝利チーム
	出場者	出場者	出場者	出場者	
シングルス①	○		×		Xチーム
シングルス②	○		×		Xチーム
ダブルス①	A×	B×	G○	H○	Yチーム
ダブルス②	×	×	E○	H○	Yチーム
ダブルス③	B○	D○	E×	×	Xチーム

　条件イより、XチームのA～Dはいずれも1勝1敗ですが、BとDはダブルス③で勝利し、AとBはダブルス②で負けていますので、**シングルス①、②で勝利したのはAとC、ダブルス②で負けたのはCとD**とわかります。

　これより、Yチームについて、条件エより、Fが出場したのは、**シングルスの対A戦と、ダブルス③**で、残る**シングルスの対C戦にG**が出場したとわかり、表2のようになります。

> シングルス①と②を区別する条件はないので、①にA、②にCを記入するよ。

表2

試合	Xチーム		Yチーム		勝利チーム
	出場者	出場者	出場者	出場者	
シングルス①	A○		F×		Xチーム
シングルス②	C○		G×		Xチーム
ダブルス①	A×	B×	G○	H○	Yチーム
ダブルス②	C×	D×	E○	H○	Yチーム
ダブルス③	B○	D○	E×	F×	Xチーム

　これより、正答は肢1です。

正答》 1

103

section 05 数量条件からの推理

重要度 ★★★
頻出度 ★★★

> **ガイダンス**
>
> 条件を満たす数量を推理する問題で、表に整理したり、数式に表して解く問題が多いです。数的推理の「整数問題」とやや似た部分もありますが、数学の要素はあまり強くありません。

例題 1　表に整理する問題

出典 ▶ 海上保安大学校等 2023　　難易度 ▶ ★ ★ ★

ある会社では、ア係、イ係、ウ係という三つの係に所属する合計13人の職員により、A、B、Cの三つのプロジェクトチームを結成した。次のことが分かっているとき、確実に言えるのはどれか。

ただし、それぞれの職員は、複数の係に所属することはなく、A、B、Cのいずれか一つのチームに参加している。

① ア係とウ係の職員の数は同じである。
② チームAには、ア係、イ係、ウ係からそれぞれ1人以上の異なる人数の職員が参加しており、このうちア係の職員は3人である。
③ チームBには、ア係とウ係の職員のみが参加している。
④ チームCには4人の職員が参加しており、全員がイ係の職員である。

1. チームAの人数は7人である。
2. チームAに参加しているイ係の職員は2人である。
3. チームAに参加しているウ係の職員は4人である。
4. チームBの人数は5人である。
5. チームBに参加しているウ係の職員は2人である。

対応表のような表を書いて、数量条件を整理する問題です。縦、横の合計が合うように、表を埋めていきましょう。

05 数量条件からの推理

解説

　ア～ウの３つの係と、Ａ～Ｃの３つのチームで表を作成し、参加した人数を記入してきます。

　条件①より、アとウの人数は同じですが、まだわかりませんので、とりあえず、x 人としておきましょう。

> 同じ記号でもいいから、わかるようにしておこう。
> x などの文字を使うと、「２倍」なら「$2x$」、「１人多い」なら「$x＋1$」のような表し方もできるから便利だね。

　さらに、条件②～④からわかることを記入して、表１を得ます。

表１

	A	B	C	計
ア	3		×	x
イ		×	4	
ウ			×	x
計			4	13

> 数字を入れるので、合計欄はマスト！
> 参加者ゼロのところは、「×」でも「0」でもOK！

　条件②、③より、表１で×を記入したところ以外は、**1 以上の数字**が入ります。

　そうすると、アには、ＡとＢ合わせて**4 人以上**、イには**5 人以上**、ウにも**アと同じ 4 人以上**が所属しているとわかります。

　しかし、条件より、**職員の合計は 13 人**ですから、**4 ＋ 5 ＋ 4 ＝ 13** より、それぞれの所属人数の合計は、4 人、5 人、4 人に決まります。

　これより、**アからＢに、イからＡに参加したのはいずれも 1 人**となり、表２を得ます。

表２

	A	B	C	計
ア	3	1	×	4
イ	1	×	4	5
ウ			×	4
計			4	13

　残るウからの参加人数ですが、条件②より、Ａには、ア、イからと異なる人数な

105

ので、1人、3人以外ですが、4人以上だとすると、Bへの参加者が0人以下になりますので、2人に決まります。
　そうすると、ウからBへの参加者も2人とわかり、表3を得ます。

表3

	A	B	C	計
ア	3	1	×	4
イ	1	×	4	5
ウ	2	2	×	4
計	6	3	4	13

これより、正答は肢5です。

正答》5

例題2　条件を数式に表す問題

出典▶特別区Ⅲ類 2022　　難易度▶★★★

　折り紙50枚をA〜Dの4人で余らせることなく分けることにした。それぞれがもらった枚数について、次のア〜ウのことが分かっているとき、確実にいえるのはどれか。ただし、各人少なくとも1枚はもらっているものとする。

　ア　Dは、Aよりも10枚少なくもらった。
　イ　Bがもらった枚数は、Dがもらった枚数の3倍だった。
　ウ　もらった枚数が最も少なかったのは、Cである。

1．Aは、19枚もらった。
2．Bがもらった枚数は、Aよりも少なかった。
3．Cは、6枚もらった。
4．CとDの2人で合わせて15枚もらった。
5．Dは7枚もらった。

与えられた条件を式にして整理します。立てた式を方程式として解くこともありますが、それぞれの式を満たす整数の組合せを、力ずくで探すことが多いです。

解説

A〜Dがもらった折り紙の枚数を、そのままA〜Dと表すと、条件ア、イより、次のような式が立ちます。

ア　$D = A - 10 \Leftrightarrow A = D + 10$ …①
イ　$B = 3D$ …②

これより、例えば、Dが決まれば、①、②より、A、Bも決まり、A、B、Dの合計を 50 から引けば、残るCも決まりますね。

> 折り紙の総数は50枚だからね。

仮に、D＝1とすると、表1のようになります。

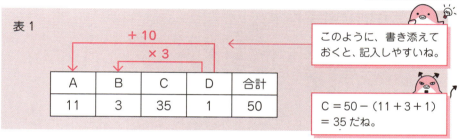

表1

A	B	C	D	合計
11	3	35	1	50

> このように、書き添えておくと、記入しやすいね。

> $C = 50 - (11+3+1)$
> $= 35$ だね。

しかし、この場合、Cが最も少ないという条件ウを満たしていませんね。
では、続けて、D＝2、3、…と確認してみると、表2のようになりますね。

表2

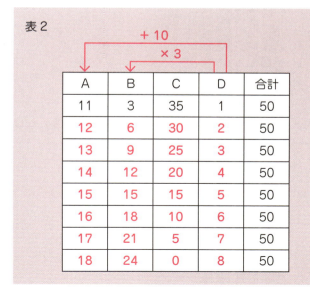

A	B	C	D	合計
11	3	35	1	50
12	6	30	2	50
13	9	25	3	50
14	12	20	4	50
15	15	15	5	50
16	18	10	6	50
17	21	5	7	50
18	24	0	8	50

> 先が長いなと思ったら、一気に飛ばして、D＝5くらいから始めてもOK！
> でも、Dが1増えると、Aも1増え、Bは3増えて、A＋B＋Dで合計5増えるから、Cは5ずつ減っていくとわかると、それほど大変じゃないでしょ。

表２より、D＝8のとき、C＝0になって、ここから先は、Cがマイナスになるのがわかりますね。

条件より、各人１枚以上もらっていますので、条件ウを満たすのは、**D＝7の場合に決まります。**

よって、Aは17枚、Bは21枚、Cは5枚、Dは7枚となります。

なお、本問はこのように、**Dを適当な数に仮定して、**D→A→B→Cと、力ずくで答えを探す方法で十分ですが、条件から、**不等式を立てて探す方法**もありますので、参考までにご紹介します。

> C以外なら、どれを仮定してもいいけど、本問では、Dがやりやすいよね。

条件ア、イから立てた式①、②より、A、B、Dの合計を式で表して、50から引くと、Cは次のように表せます。

$$C = 50 - (A + B + D)$$
①, ②を代入して、$C = 50 - (D + 10 + 3D + D)$
$$= 50 - (5D + 10)$$
$$= 50 - 5D - 10$$
$$= 40 - 5D \quad \cdots ③$$

条件ウより、**C＜D**となり、さらに、条件より、$C \geqq 1$ ですから、それぞれに③を代入して、次のような不等式が立ちます。

$$40 - 5D < D \qquad 40 - 5D \geqq 1$$
$$-6D < -40 \qquad -5D \geqq -39$$
$$\therefore D > 6.66\cdots \qquad \therefore D \leqq 7.8$$

これより、２つの不等式をともに満たすDの範囲は、**6.66 … ＜D≦7.8** となりますが、Dは整数ですから、**D＝7**とわかります。

以上より、正答は肢5です。

正答》5

05 数量条件からの推理

例題 3　時計の時刻を推理する問題
出典：特別区Ⅲ類 2021　難易度 ★★☆

P、Q、Rの3人は、10時ちょうどに水族館で待ち合わせをした。今、水族館に到着した時刻について、次のア～エのことが分かっているとき、確実にいえるのはどれか。

- ア　Pは、Pの時計で待ち合わせ時刻の2分前に到着したが、水族館の時計は9時55分であった。
- イ　Qは、Pより3分遅れて到着したとき、Qの時計で待ち合わせ時刻より4分遅れていた。
- ウ　Rは、Rの時計で10時3分に到着した。
- エ　Qの時計は、Rの時計より5分進んでいた。

1. 水族館の時計で待ち合わせた時刻に遅れた者はいなかった。
2. Rは、Pより7分遅く到着した。
3. Qの時計は、Pの時計より4分進んでいた。
4. Pの時計だけが、水族館の時計より遅れていた。
5. Qの時計は、水族館の時計より7分進んでいた。

何人かの時計の示す時刻のズレを推理する定番の問題です。各人の時計が示す時刻を表に整理して解いてみましょう。

解説

水族館の時計と、P、Q、Rの時計の時刻を縦に、P、Q、Rが到着したときを横に取って、表を作成します。
まず、条件アより、Pが到着したとき、Pの時計は9時58分で、水族館の時計は9時55分でしたので、これを、表1のように記入します。

> 待ち合わせは10時だからね。

表1

	Pが到着	Qが到着	Rが到着
水族館の時計	9:55		
Pの時計	9:58		
Qの時計			
Rの時計			

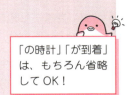

「の時計」「が到着」は、もちろん省略してOK！

次に、条件イより、Qが到着したとき、Qの時計は10時4分でしたが、Pの到着の3分後ですから、Pの時計では、9時58分＋3分＝10時1分で、水族館の時計では、9時55分＋3分＝9時58分だったとわかります。

さらに、条件ウ、エより、Rが到着したとき、Rの時計は10時3分でしたが、このとき、Qの時計は、10時3分＋5分＝10時8分だったとわかり、ここまでを表2のように記入します。

表2

	Pが到着	Qが到着	Rが到着
水族館の時計	9:55	9:58	
Pの時計	9:58	10:01	
Qの時計		10:04	10:08
Rの時計			10:03

表2より、水族館の時計に対してPの時計は＋3分で、Pの時計に対してQの時計も＋3分、さらに、Qの時計に対してRの時計は－5分ですから、表の残りは、表3のように埋めることができます。

表3

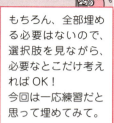

	Pが到着	Qが到着	Rが到着
水族館の時計	9:55	9:58	10:02
Pの時計	9:58	10:01	10:05
Qの時計	10:01	10:04	10:08
Rの時計	9:56	9:59	10:03

もちろん、全部埋める必要はないので、選択肢を見ながら、必要なとこだけ考えればOK！
今回は一応練習だと思って埋めてみて。

これより、選択肢を確認します。

肢1 Rは、水族館の時計で **10時2分に到着** していますので、遅れています。
肢2 RはPより7分遅れて到着していますので、確実にいえます。
肢3 Qの時計は、Pの時計より **3分** 進んでいます。
肢4 Pを含めた3人の時計はいずれも、水族館の時計より進んでいます。
肢5 Qの時計は、水族館の時計より **6分** 進んでいます。

以上より、正答は肢2です。

正答》2

No.1

出典 国家一般職（高卒）2023　**難易度 ▶ ★ ★ ☆**

　A、B、Cの3人が1〜6の目を持つサイコロをそれぞれ2回振り、出した二つの目の積をそれぞれの得点とした。それぞれの出した二つの目と得点について、次のことが分かっているとき、確実にいえるのはどれか。

　　ア　A、B、Cについて、それぞれが1回目に出した目は2回目に出した目よりも小さかった。
　　イ　Cは、1回目にAの1回目と同じ目を出し、2回目にBの2回目と同じ目を出した。
　　ウ　A、B、Cについて、得点は4の倍数であった。
　　エ　Aの得点は、Bと同じであったが、Cとは異なっていた。

1.　Aは、1回目に4の目を出した。
2.　AとCの得点の差は、8点であった。
3.　Bは、2回目に6の目を出した。
4.　BとCが1回目に出した目の差は、2であった。
5.　Cは、2回目に4の目を出した。

解説

　A〜Cの3人が出した2つの目を、表1のように整理します。

　条件イより、AとCの1回目の目は同じなので、これを x とし、同様に、BとCの2回目の目を y とします。

　さらに、条件エより、AとBの得点を z として、次のようになります。

表1

	A	B	C
1回目	x		x
2回目		y	y
得点	z	z	

05 数量条件からの推理

ここで、条件ア、ウより、3人の出した目は、いずれも、1回目＜2回目ですから、1～6の異なる目で、その2数の積が4の倍数になる組合せを考えると、以下のようになります。

本問は、「和」ではなく、「積」なので、気をつけてね。

積が4　→　(1, 4)
積が8　→　(2, 4)
積が12　→　(2, 6)(3, 4)
積が20　→　(4, 5)
積が24　→　(4, 6)

条件エより、AとBの得点は同じですが、仮に、この2人が出した目が2回とも全く同じであったとすると、A、B、Cが3人とも（1回目 x、2回目 y）の組合せになり、Cの得点もA、Bと同じになりますので、条件エに反します。
　よって、AとBが出した目は、異なる組合せで、積が同じになるので、「積が12」になる (2, 6)(3, 4) のいずれかとわかります。

積が同じになる組合せが2通り以上あるのは、この場合だけだね。

　これより、AとBが出した目について、次のように場合分けをします。

(1) Aが (2, 6)、Bが (3, 4) の場合
　2人とも、1回目＜2回目ですから、表2のようになります。
　条件イより、Cの1回目は2で、2回目は4ですから、**得点は 2 × 4 = 8** で、4の倍数になり、条件ウも満たします。

表2

	A	B	C
1回目	2	3	2
2回目	6	4	4
得点	12	12	8

(2) Aが (3, 4)、Bが (2, 6) の場合
　同様に、表3のようになります。
　しかし、この場合、条件イより、Cの1回目は3で、2回目は6ですから、**得**

点は 3 × 6 ＝ 18 で、4 の倍数にならず、条件ウを満たしません。

表3

	A	B	C
1回目	3	2	3
2回目	4	6	6
得点	12	12	18

よって、表2のように決まり、これより、正答は肢5です。

正答≫5

05 数量条件からの推理

No.2

出典 警視庁III類 2023　難易度 ▶ ★ ★ ★

　A〜Eの5人は、1から9の数字が書かれたカードをそれぞれ1枚ずつ持っている。次のア〜オのことがわかっているとき、確実にいえることとして、最も妥当なのはどれか。

　ア　全員が持っているカードの数字を合計すると25になる。

　イ　Aが持っているカードの数字は、Bが持っているカードの数字の3倍である。

　ウ　Cが持っているカードの数字は、Dが持っているカードの数字よりも1だけ大きい。

　エ　Dが持っているカードの数字は、Eが持っているカードの数字の2倍である。

　オ　同じ数字のカードを持っている人はいない。

1.　Aが持っているカードには6が書かれている。
2.　Bが持っているカードには2が書かれている。
3.　Cが持っているカードには5が書かれている。
4.　Dが持っているカードには8が書かれている。
5.　Eが持っているカードには3が書かれている。

解説

　A〜Eが持っているカードの数字を、そのままA〜Eと表すと、条件イ、ウ、エより、次のような式が立ちます。

$$\text{イ}\quad A = 3B \qquad \cdots ①$$
$$\text{ウ}\quad C = D + 1 \qquad \cdots ②$$
$$\text{エ}\quad D = 2E \qquad \cdots ③$$

　②、③は、Dが共通していますので、例えば、Eが決まれば、③より、Dが決まり、さらに、②より、Cが決まります。

　条件アより、A〜Eの合計は25ですから、C、D、Eの合計を引けば、AとBの合計もわかりますね。

115

では、まず、C、D、Eについて、仮に、E＝1とすると、表1のようになります。

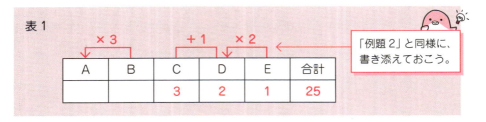

表1

この場合、C、D、Eの合計は、3＋2＋1＝6ですから、A＋B＝25－6＝19となりますね。

しかし、A，Bは1～9のいずれかですから、合わせて19になることはありません。

では、続けて、E＝2, 3, …と、まずは、C、D、Eを書き上げてみましょう（表2）。

表2

A	B	C	D	E	合計
		3	2	1	25
		5	4	2	25
		7	6	3	25
		9	8	4	25
		11	10	5	25

×3　＋1　×2

E＝5以上になると、C、Dが9を超えますので、E＝4までを確認すればいいですね。

本問は、1～9の範囲だから、探しやすいね。

それぞれについて、A＋Bの値を確認すると、次のようになります。

E＝2のとき　A＋B＝25－(5＋4＋2)＝14
E＝3のとき　A＋B＝25－(7＋6＋3)＝9
E＝4のとき　A＋B＝25－(9＋8＋4)＝4

これより、A＋Bの値が4の倍数になるのは、E＝4のときのみで、A＋B＝4より、A＝3、B＝1となります。

A＋B＝4B＝4より、B＝1
A＝3Bに代入して、A＝3

よって、A～Eが持っているカードの数は、Aが3、Bが1、Cが9、Dが8、Eが4に決まり、条件オも満たします。

以上より、正答は肢4です。

正答》4

No.3　出典 東京都Ⅲ類 2024　難易度 ★★★

A～Eの5人が10時からの会議のために会議室に集まったとき、次のことが分かっている。

ア　Aが会議室に到着したとき、Aの腕時計は9：50、Cの腕時計は9：56を指していた。
イ　Bが会議室に到着したとき、Bの腕時計は9：52、Dの腕時計は9：48を指している。
ウ　Cが会議室に到着したとき、Cの腕時計は9：57、Eの腕時計は9：54を指していた。
エ　Dが会議室に到着したとき、Dの腕時計は9：58、Aの腕時計は9：59を指していた。
オ　Eが会議室に到着したのは、正確な時刻で9：59であった。
カ　腕時計を正確な時刻に設定していたのは2人であった。

以上から判断して、確実にいえるのはどれか。ただし、正確な時刻に設定されていない腕時計の指している時刻と正確な時刻とのずれは、常に一定であるものとする。

1．Aは1番目に到着し、その正確な時刻は9：48であった。
2．Bは2番目に到着し、その正確な時刻は9：52であった。
3．Cは3番目に到着し、その正確な時刻は9：54であった。
4．Dは4番目に到着し、その正確な時刻は9：57であった。
5．Eは5番目に到着した。

解説

「例題3」と同様に、正確な時刻及びA～Eの腕時計が指す時刻を縦に、A～E
が到着したときを横に取って、表を作成します。

条件ア～オからわかることを記入して、表1を得ます。

表1

	Aが到着	Bが到着	Cが到着	Dが到着	Eが到着
正確な時刻					9：59
Aの腕時計	9：50			9：59	
Bの腕時計		9：52			
Cの腕時計	9：56		9：57		
Dの腕時計		9：48		9：58	
Eの腕時計			9：54		

ここで、各人の腕時計の時刻の差を調べるため、例えば、
Aが到着したときの各人の腕時計の時刻を確認することにし
ます。

Cが到着したときの情報より、Cの腕時計に対してEの腕
時計は−3分ですから、Aが到着したときのEの腕時計は、
9時56分−3分＝9時53分とわかります。

次に、Dが到着したときの情報より、Aの腕時計に対してDの腕時計は−1分で
すから、Aが到着したときのDの腕時計は、9時50分−1分＝9時49分とわか
ります（表2）。

> 全員の分は大変だ
> から、とりあえず、
> 誰か1人について
> 確認しよう。

118

05 数量条件からの推理

表2

	Aが到着	Bが到着	Cが到着	Dが到着	Eが到着
正確な時刻					9：59
Aの腕時計	9：50			9：59	
Bの腕時計		9：52			
Cの腕時計	9：56	−1	9：57		−1
Dの腕時計	9：49	9：48		9：58	
Eの腕時計	9：53	−3	9：54	−3	

　さらに、Bが到着したときの情報より、Dの腕時計に対してBの腕時計は＋4分ですから、Aが到着したときのBの腕時計は、9時49分＋4分＝9時53分とわかります（表3）。

表3

	Aが到着	Bが到着	Cが到着	Dが到着	Eが到着
正確な時刻					9：59
Aの腕時計	9：50			9：59	
Bの腕時計	9：53	9：52			
Cの腕時計	9：56	＋4	9：57		
Dの腕時計	9：49	9：48	＋4	9：58	
Eの腕時計	9：53		9：54		

　表3より、Aが到着したときの各人の腕時計の時刻がわかりましたが、この中で同じ時刻を指しているのは、BとEの「9時53分」のみです。

　条件カより、腕時計を正確な時刻に設定していた人が2人いるわけですが、ここで、この2人はBとEとわかり、Aが到着したときの正確な時刻は9時53分となりますね。

　ここから、各人が到着した正確な時刻を調べます。

　まず、B、Cが到着したのは、それぞれ、Bの腕時計で9時52分、Eの腕時計で9時54分で、いずれもこれが

正確な時刻です。また、Dが到着したのは、Aの時計で見ると、Aの9分後なので、

選択肢で問われていることだからね。

119

9時53分＋9分＝10時2分とわかります（表4）。

表4

	Aが到着	Bが到着	Cが到着	Dが到着	Eが到着
正確な時刻	9：53	9：52	9：54	10：02	9：59
Aの腕時計	9：50			9：59	
Bの腕時計	9：53	9：52			
Cの腕時計	9：56		9：57		
Dの腕時計	9：49	9：48		9：58	
Eの腕時計	9：53		9：54		

これより、到着順は、B→A→C→E→Dとなり、正答は肢3です。

正答≫3

No.4

出典 警視庁Ⅲ類 2024　難易度 ▶ ★ ★ ★

　1～10までの異なる数字が書かれた10枚のカードをA～Cの3人に3枚ずつ配った。次のア～ウのことがわかっているとき、配っていない1枚のカードに書かれた数字として、最も妥当なのはどれか。

　ア　Aには、1と書かれたカードが配られて、3枚のカードの数字の和は13であった。
　イ　Bには、奇数のカードが3枚配られた。
　ウ　Cに配られた3枚のカードの数字の和は25であった。

1．2　　　　　2．3　　　　　3．4　　　　　4．5　　　　　5．6

05 数量条件からの推理

解説

表1のように、カードの数字1〜10を並べて、誰に配られたかを記入します。

まず、条件アより、「1」にはAと記入できますね。

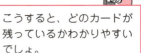
こうすると、どのカードが残っているかわかりやすいでしょ。

表1

1	2	3	4	5	6	7	8	9	10
A									

Aの残る2枚のカードの数を考えると、合計で13 − 1 = 12 ですから、(2, 10)(3, 9)(4, 8)(5, 7)のいずれかとわかります。

しかし、Aに(3, 9)または(5, 7)が配られた場合、Aに奇数が3枚配られたことになり、残る奇数は2枚ですから、条件イを満たすBのカードがありません。

奇数は全部で5枚しかないからね。

よって、Aの残る2枚は(2, 10)または(4, 8)で、ここで次のように場合分けをします。

(1) Aに(2, 10)が配られた場合

表2のように、Aのカードを記入すると、条件ウより、Cの3枚の和は25ですが、残るカードで大きいほうからの3枚を合計しても、7 + 8 + 9 = 24 にしかなりません。

よって、条件ウを満たすCのカードがなく、成立しません。

表2

1	2	3	4	5	6	7	8	9	10
A	A								A

(2) Aに(4, 8)が配られた場合

同様に、Aのカードを記入して、条件ウを満たすCのカードを考えると、(6, 9, 10)に決まります（表3）。

「8」を除いて、大きいほうから、10 + 9 + ⋯ と考えていけば、見つかるでしょ。

表3

1	2	3	4	5	6	7	8	9	10
A			A		C		A	C	C

表3より、残るカードで奇数は（3，5，7）の3枚ですから、条件イより、これがBのカードに決まります（表4）。

表4

1	2	3	4	5	6	7	8	9	10
A		B	A	B	C	B	A	C	C

よって、表4のように決まり、配っていない1枚のカードは「2」とわかり、正答は肢1です。

正答》1

No.5

出典 入国警備官等2024　難易度 ★★☆

　A～Gの7個のボールがある。ボールの重さの内訳は、1gのボールが4個、2gのボールが3個である。これらのボールを上皿天秤に載せたところ、図Ⅰ、Ⅱ、Ⅲのように釣り合った。このとき、2gのボールのみを挙げているのはどれか。

図Ⅰ 　　図Ⅱ 　　図Ⅲ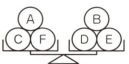

1. A、B、G
2. A、C、D
3. B、C、E
4. D、F、G
5. E、F、G

解説

　まず、図Ⅲに着目すると、7個のボールのうち**Gを除く6個**が、3個ずつで釣り合っています。

　6個でこのように釣り合うのは、左右それぞれに、**1gが2個と2gが1個**の場合のみですから、**残るGは2g**とわかります。

ボールは、1gが4個、2gが3個だからね。

　そうすると、図Ⅰより、右皿のGは2gですが、同じ皿のCも2gだと、左皿も2個とも2gになり、2gは3個しかないので成立しません。

　よって、**Cは1g**で、図Ⅰの左皿の**AとEは、1gと2gが1個ずつ**となり、ここで、次のように場合分けをします。

(1) Aが1g、Eが2gの場合

図Ⅰ〜Ⅲに当てはめると、図1のようになります。

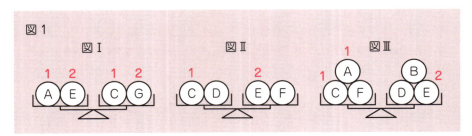

この場合、図Ⅲの左皿のAとCがともに1gですから、残るFが2gとなります。

そうすると、図Ⅱの右皿のEとFがともに2gになり、これと釣り合うCとDはありませんので、成立しません。

> 図Ⅲは、左右に、1gが2個と2gが1個だったよね。

(2) Aが2g、Eが1gの場合

同様に、図2のようになります。

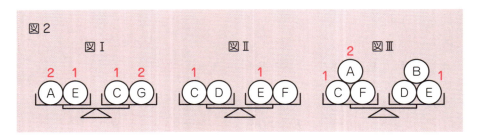

この場合、図Ⅲの左皿のうち、Aが2gですから、Fは1gとなります。

そうすると、図Ⅱの右皿のEとFはともに1gですから、左皿の2個もともに1gで、Dは1gとわかります。

これより、図Ⅲの右皿のうち、DとEが1gですから、残るBが2gで、図3のようになります。

05 数量条件からの推理

図3

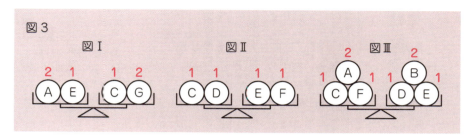

よって、2gのボールは、A、B、Gの3個とわかり、正答は肢1です。

正答》1

No.6　出典　東京都キャリア活用 2022　難易度 ★★★

下の図のA～Hに、1～8の異なった整数を一つずつ入れ、図の上半分の和と下半分の和、右半分の和と左半分の和、内側の和と外側の和がいずれも等しくなるようにする。1がAに入り、2が下半分のどこかに入り、CとGの和が8で、CよりGの方が大きいことが分かっているとき、Hに入る整数として、正しいのはどれか。

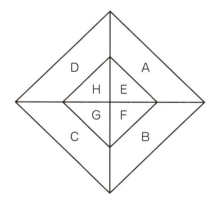

1. 4　　　2. 5　　　3. 6　　　4. 7　　　5. 8

解説

1〜8の整数の和は36で、この半分は18ですから、図の、上半分、下半分、右半分、左半分、内側、外側に入る整数の和は、いずれも18となります。

1〜8の和を簡単に計算する方法は、数的推理の「数列」で勉強するからね。

ここで、A〜Hに入る数字をそのままA〜Hとすると、条件より、C＋G＝8ですから、次のようにわかります。

$$B + F = 18 - (C+G) = 18 - 8 = 10 \quad \cdots ①$$
$$D + H = 18 - (C+G) = 18 - 8 = 10 \quad \cdots ②$$
$$A + E = 18 - (D+H) = 18 - 10 = 8 \quad \cdots ③$$

そうすると、条件より、A＝1ですから、③に代入して、E＝8－1＝7とわかりますね。

さらに、残る整数で、和が10になる組合せと、和が8になる組合せをそれぞれ探すと、次のようになります。

```
和が10  (2, 8) (4, 6)
和が8   (2, 6) (3, 5)
```

和が10になる組合せの2通りが、①と②のいずれかとなりますから、残る3と5がCとGのいずれかで、条件より、C＜Gですから、C＝3、G＝5となり、ここまでを、図1のように記入します。

A＝1、E＝7で、(2, 8)(4, 6)が①、②に入るから、3と5が残るということね。

図1

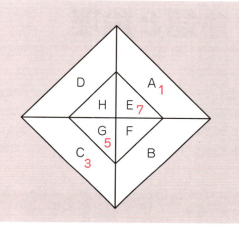

　ここで、条件より、**2は下半分**に入りますので、①が（2, 8）で、②が（4, 6）とわかり、さらに、内側の和も18であることから、次のようになります。

　　F + H = 18 −（E + G）= 18 −（7 + 5）= 6

　Fは（2, 8）の片方で、Hは（4, 6）の片方ですから、**和が6になるのは2と4**で、**F = 2、H = 4** とわかり、これより、**B = 8、D = 6** となって、図2のようになります。

2

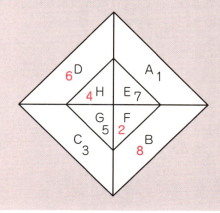

　よって、**Hに入るのは4**で、正答は肢1です。

正答》1

section

06 命題と論理

重要度 ▶ ★ ★ ★
頻出度 ▶ ★ ★ ★

> **ガイダンス**
>
> これまでの内容とは少し雰囲気が異なる分野ですが、解法を覚えれば、短時間で解け、得点源となるところです。国家（人事院）の試験ではほぼ毎年、1番初めに出題されており、その他の試験でも頻出度は高いです。多くの問題は「論理式」を使って解きますので、まずは、その使い方を覚えてください。

① 論理式

（1）論理式

真偽がはっきりしている文章を「命題」といい、「AならばBである」という命題を「A → B」と表し、これを「論理式」といいます。Aに当てはまるものは、全てBに当てはまるという意味です。

たとえば、「猫は動物である」は「猫→動物」のように表します。

（2）否定

論理式で、「Aでない」というように、Aを否定したものを「$\overline{A}$」と表します。上の棒印は「バー」と読みます。

全てのものは、Aであるか、Aでないかのいずれかに分類されるわけですから、Aの否定は$\overline{A}$で、$\overline{A}$の否定はAとなります。

$$\text{Aの否定} \Rightarrow \overline{A} \qquad \overline{A}\text{の否定} \Rightarrow \overline{\overline{A}} = A$$

（3）対偶

論理式の左右を入れ替えて（または矢印の向きを変えて）、それぞれを否定した命題を「対偶」といい、次のように表します。

$$\text{「A → B」の対偶} \Rightarrow \text{「}\overline{B} \to \overline{A}\text{」}$$

たとえば、「猫 → 動物」（猫は動物である）の対偶は、「$\overline{動物} \to \overline{猫}$」（動物でないならば猫ではない）のようになり、もとの命題と一致する内容になります。

06 命題と論理

したがって、同じ内容で**別の形の命題**が必要なときは、対偶を作ることになります。

（4）三段論法

命題「A → B」と「B → C」を合体させると、次のようになります。

「A → B」
「B → C」 ⇒ 「A→B→C」

ここから、「A → C」を導くことができます。

たとえば、「猫は小動物である」「小動物は可愛らしい」は、「猫 → 小動物 → 可愛らしい」と表せ、ここから「猫は可愛らしい」が導けます。

このように、**共通する項目**があれば、論理式をつなげることができ、**矢印がつながるもの**は全て、論理的に導くことができます。

② 命題の分解

命題の中に、2つの事柄が「かつ」「または」でつながれていることがあります。

このようなときは、**「かつ」は「∧」、「または」は「∨」**の記号を使って、次のように表します。

「AかつB」 ⇒ 「A∧B」　　「AまたはB」 ⇒ 「A∨B」

ちなみに、この「∨」は、二者択一ではなく、**「少なくとも片方に該当する」**という意味で、「両方」を含みます。たとえば、「A校合格∨B校合格」は両方に合格した人を含むということです。

この「∧」や「∨」でつながる2つの事柄は、次のような場合、**分解**することが可能です。

① A→B∧C　　⇒　　A→B　　A→C
② A∨B→C　　⇒　　A→C　　B→C

①の場合は、たとえば、「A校に合格した人は、**B校にもC校にも合格**した」とすると、「A校に合格した人は**B校に合格**した」「A校に合格した人は**C校に合格**し

129

た」と分解できることになります。

②の場合は、「A校またはB校に合格した人は、C校に合格した」とすると、「A校に合格した人はC校に合格した」「B校に合格した人はC校に合格した」と分解できます。

なお、次のような場合は、分解はできません。

A → B ∨ C　　⇒　　分解不可能
A ∧ B → C　　⇒　　分解不可能

分解できるかどうかは、文章の内容を考えれば判断できるから、特に覚えなくても大丈夫！

3 ド・モルガンの法則

「A ∧ B」や「A ∨ B」の否定は、次のようになります。

① 「A ∧ B」の否定　⇒　$\overline{A \wedge B} = \overline{A} \vee \overline{B}$
② 「A ∨ B」の否定　⇒　$\overline{A \vee B} = \overline{A} \wedge \overline{B}$

①の場合、「A ∧ B」は、次の図のイの部分に当たります。そうすると、「$\overline{A \wedge B}$」は、イ以外の全て、すなわち、ア、ウ、エの部分となり、「Aに該当しない、またはBに該当しない」部分ですから、「$\overline{A} \vee \overline{B}$」と同じ意味になります。

両方とも該当しない（エ）を含むよ！

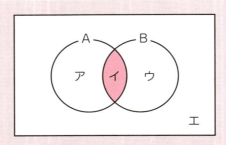

②の場合、「A ∨ B」は、次の図のア、イ、ウの部分に当たります。そうすると、「$\overline{A \vee B}$」は、これ以外のエの部分となり、「AにもBにも該当しない」部分で、「$\overline{A} \wedge \overline{B}$」と同じ意味になります。

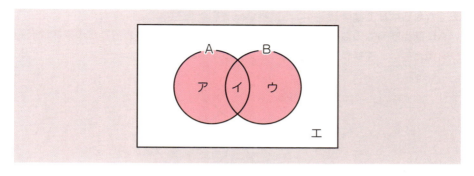

すなわち、「A∧B」や「A∨B」を否定するときは、**A、Bをそれぞれ否定して、∧、∨の記号も逆にする**ことになり、これを**「ド・モルガンの法則」**といいます。

④ 命題とベン図

これまでの「AならばBである」のような、論理式で表せる命題を**「全称命題」**といいます。Aであるもの**全て**がBに該当するという命題です。
これに対して、**「あるAはBである」**のように、**一部の存在**を示す命題を**「特称命題」**（または「存在命題」）といい、このような命題は、論理式で表すことはできません。
これより、特称命題を含む場合は、**「ベン図」**という集合図を使って解くことになります。
ベン図の描き方は、次の通りです。

① 「**AならばBである**」
Aに該当するものは、全てBに該当するので、**Aの集合は、Bの集合に含まれる**ことになり、次のようになります。

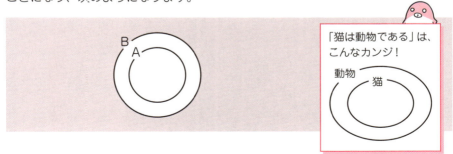

② 「AならばBでない」

　Aに該当するものは、いずれもBに該当しないので、**Aの集合とBの集合は交わりを持たない**、すなわち、離れることになります。

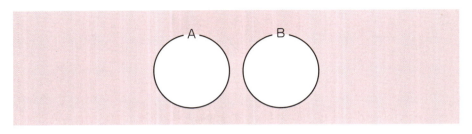

③ 「あるAはBである」

　Aの中に、Bに該当するもの、すなわち、「A∧B」であるものが存在するので、次のような図になり、イの部分に該当するものが存在することを示します。

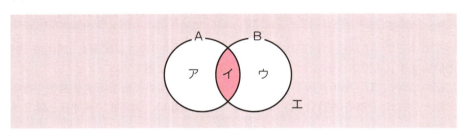

　この場合、命題「あるAはBである」は、イの部分の存在を示すだけで、**ア、ウ、エの部分に存在するものについては不明**であることに注意してください。不明ということは、存在するものがある**可能性**はありますが、**確実にはいえない**ということです。

06 命題と論理

例題 1 論理式

出典 東京消防庁Ⅲ類 2023　難易度 ▶ ★ ★ ★

あるクラスで、国語、数学、英語、理科、社会の5教科に関して、それぞれ得意であるか得意でないかを調査したところ、次のア〜エのことがわかった。このとき、確実にいえることとして、最も妥当なものはどれか。

ア：数学が得意な者は理科が得意である。
イ：社会が得意な者は理科が得意でない。
ウ：数学が得意でない者は英語が得意でない。
エ：国語が得意な者は英語が得意である。

1. 社会が得意な者は数学が得意である。
2. 英語が得意な者は国語が得意である。
3. 国語が得意な者は社会が得意でない。
4. 数学が得意な者は英語が得意である。
5. 理科が得意な者は国語が得意である。

与えられた命題を論理式で表して、三段論法でつなげる基本的な問題です。本試験ではこのタイプの問題が圧倒的に多く、最近は非常に易しい問題もよく出題されていますから、確実に得点しましょう。

解説

≫ 1 論理式

条件ア〜エを、次のように論理式に表します。

ア　数学　→　理科
イ　社会　→　理科 ̄
ウ　数学 ̄　→　英語 ̄
エ　国語　→　英語

アとイには「理科」、アとウには「数学」、ウとエには「英語」が共通していますので、イとウはそれぞれ対偶を作って、形をそろえます。

> 理科、数学、英語からバーが取れるから、アやエと同じ形になるね。
> アやエのほうの対偶を作ってもいいけど、バーは少ないほうがいいよね。

| イの対偶 | 理科 | → | 社会 |
| ウの対偶 | 英語 | → | 数学 |

これより、まず、アにイの対偶をつなげて、次のようになります。

数学 → **理科** → 社会

さらに、ウの対偶をつなげます。

英語 → **数学** → 理科 → 社会

最後に、エをつなげて、次のようになります。

国語 → **英語** → 数学 → 理科 → 社会

これより、選択肢を確認します。

肢1 論理式から、「社会→数学」は導けません。

肢2 同様に、「英語→国語」は導けません。

肢3 「国語→社会」は導けますので、確実にいえます。

肢4 「数学→英語」は導けません。

肢5 「理科→国語」は導けません。

矢印がつながっていれば、論理的に確実にいえるからね。

以上より、正答は肢3です。

正答≫3

06 命題と論理

例題 2 命題の分解

出典 入国警備官等 2017 難易度 ▶ ★ ★ ☆

次のア、イから、ウが論理的に導き出されるとき、□□□に入る文として最も妥当なのは、次のうちではどれか。

ア：□□□□□□□□□□□□□□□□□□□□□□□

イ：職員Aはバスを使わなかった。

↓

ウ：職員Aは地下鉄を使わなかった。

1. 地下鉄を使わなかった者は、バスも使わなかった。
2. 地下鉄を使った者は、バスもタクシーも使った。
3. バスもタクシーも使わなかった者は、地下鉄を使った。
4. バスを使った者は、地下鉄を使わなかった。
5. バスを使わず、かつ、タクシーを使った者は、地下鉄を使わなかった。

命題の「分解」を使う問題です。これが必要になる問題はそれほど多くはありませんが、やり方を間違えると誤答につながる可能性が高いので、気をつけてください。

解説

≫ **2** 命題の分解

まず、イとウを、次のように論理式に表します。

イ A → $\overline{バス}$
ウ A → $\overline{地下鉄}$

イにアを加えてウを導くわけですから、アに入る命題は、「$\overline{バス}$→$\overline{地下鉄}$」もしくは、その対偶「地下鉄→バス」が考えられますね。

三段論法で「A →$\overline{バス}$→$\overline{地下鉄}$」が導けるからね。

ここで、選択肢の中で、これらに該当する内容がないか探してみますが、残念ながら見当たりませんね。

では、選択肢のそれぞれについて、確認することにします。

肢1 「$\overline{地下鉄}$→$\overline{バス}$」をイにつながると、次のようになります。

135

$$A \rightarrow \overline{バス} \leftarrow \overline{地下鉄}$$

ここから、ウを導くことはできません。

肢2 「地下鉄→バス∧タクシー」となり、これを分解すると次のようになります。

$$
\begin{array}{llllll}
地下鉄 & \rightarrow & バス \wedge タクシー & \Rightarrow & 地下鉄 & \rightarrow & バス & \cdots① \\
 & & & & 地下鉄 & \rightarrow & タクシー & \cdots②
\end{array}
$$

さらに、次のように、①、②の対偶を作ります。

$$①の対偶 \quad \overline{バス} \rightarrow \overline{地下鉄} \qquad ②の対偶 \quad \overline{タクシー} \rightarrow \overline{地下鉄}$$

①が得られた時点でOK！
タクシーは無視していいよね。

ここで、これらをイにつなげると、次のようになります。

$$A \rightarrow \overline{バス} \rightarrow \overline{地下鉄} \leftarrow \overline{タクシー}$$

これより、ウが導けます。

肢3 「バス∧タクシー→地下鉄」は分解できませんので、イにつなげることはできません。

肢4 「バス→地下鉄」は、対偶を作ると「地下鉄→バス」となり、これをイにつなげると、次のようになります。

$$A \rightarrow \overline{バス} \leftarrow \overline{地下鉄}$$

しかし、ここからウを導くことはできません。

肢5 「バス∧タクシー→地下鉄」は分解できませんので、イにつなげることはできません。

以上より、正答は肢2です。

正答》2

06 命題と論理

例題 3 ド・モルガンの法則

出典 ▶ 裁判所職員一般職（高卒）2017　難易度 ▶ ★ ★ ★

あるクラスの生徒を対象にアンケートをとったところ、「春が好きな者は夏が好きではない。」ということが分かった。このクラスの担任が、「夏が好きな者は、秋と冬の少なくともどちらかは好きである。」という仮説を立てた。この仮説が証明されるためには、次のどの条件が必要か。

1. 春が好きでない者は、秋と冬のどちらか一方が好きである。
2. 春が好きな者は、秋と冬のどちらも好きでない。
3. 秋と冬のどちらも好きでない者は、春が好きである。
4. 秋が好きでないかまたは冬が好きでない者は、春が好きである。
5. 秋が好きかまたは冬が好きな者は、春が好きでない。

条件の中に、分解できない「∧」や「∨」があるとき、その否定を作るには「ド・モルガンの法則」が必要になります。この法則を使う問題は多くはありませんが、法則の使い方を間違えると誤答に導かれる問題がほとんどです。

解説

≫ 3 ド・モルガンの法則

アンケートでわかったこととその対偶、さらに、担任が立てた仮説を、それぞれ次のように論理式に表します。

わかったこと	春 → $\overline{夏}$	…①
①の対偶	夏 → $\overline{春}$	…②
担任の仮説	夏 → 秋∨冬	…③

本問も、②に加えて③を導く命題を探しますが、その命題は、三段論法より、まず、「$\overline{春}$→秋∨冬」が考えられます。

ここで、これに該当する選択肢を探すと、肢1が近いのですが、「秋∨冬」は「少なくともどちらかは好き」で「どちらか一方が好き」ではありませんから、正答にはなりません。

（両方好きな人を含むからね。）

そうすると、次は、「$\overline{春}$→秋∨冬」の対偶のほうを考えます。「∨」が入っていますので、ド・モルガンの法則を使って、次のようになります。

（対偶はもとの命題と同じなので、必ず、対偶のほうも確認してね。）

137

$$\overline{春} → 秋∨冬 \quad = \quad \overline{秋∨冬} → 春 \quad = \quad \overline{秋}∧\overline{冬} → 春$$
　　　　　　（対偶）　　　　　　（ド・モルガン）

　これより、「$\overline{秋}∧\overline{冬}→春$」に該当する選択肢を探すと、肢3が合致しますので、正答は肢3です。

正答》3

例題4　命題とベン図　　出典》裁判所職員一般職（高卒）2023　　難易度 ★★★☆

　あるクラスの生徒に季節の好き嫌いについて聞いたところ、次のア～ウのことがわかった。このとき、確実にいえるものはどれか。

　ア　春が好きな者は冬が好きでない。
　イ　春が好きでない者は秋も好きでない。
　ウ　夏が好きな者の中には秋が好きな者もいるし、冬が好きな者もいる。

1. 秋だけが好きな者がいる。
2. 秋が好きな者の中には冬が好きな者もいる。
3. 春夏秋冬すべての季節が好きな者がいる。
4. 夏も秋も好きな者の中には春が好きでない者がいる。
5. 夏も冬も好きな者は春も秋も好きでない。

「論理」の問題のほとんどは論理式を使って解けますが、ごくまれに「ベン図」（131ページ）を使って解く問題もありますので、練習しておきましょう。

解説　　》4 命題とベン図

　本問は、条件ウが特称命題ですので、ベン図を利用します。
　まず、条件アより、「春」と「冬」の集合は交わりを持ちません。
　また、条件イは、論理式で表すと「$\overline{春}→\overline{秋}$」で、対偶は「秋→春」ですから、「秋」の集合は「春」の集合に含まれ、これらを合わせると、図1のようになります。

図1

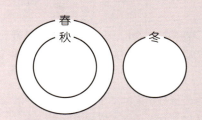

　さらに、条件ウより、図1に「夏」の集合を加えます。「夏」は、「秋」「冬」とそれぞれ交わりを持ちますので、そのように加え、それぞれの交わりの部分には該当する人が存在することがわかるように、図2のように、色を付けてア、イとします。

色が付いている部分には該当する者が「必ずいる」けど、他の部分は「いる可能性がある」だからね。

図2

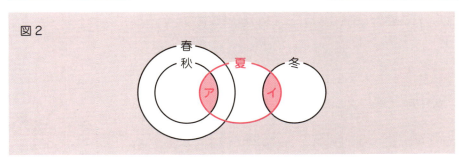

　これより、選択肢を確認します。

肢1　「秋」は「春」の集合に含まれていますので、「秋だけが好きな者」はいません。
肢2　「秋」と「冬」の集合は交わりを持ちませんので、両方が好きな者はいません。
肢3　「春」と「冬」の両方が好きな者はいませんので、全ての季節が好きな者はいません。
肢4　「夏も秋も好きな者」は、図2のアの部分で、ここに該当する者は全て春が好きですから、そのような者はいません。
肢5　「夏も冬も好きな者」は、図2のイの部分で、この部分は「春」や「秋」と交わりを持ちませんので、確実にいえます。

　以上より、正答は肢5です。

正答 ≫ 5

No.1

出典 ▶ 刑務官 2024　難易度 ▶ ★ ☆ ☆

ある集団に、いくつかの食べ物について、それぞれ好きか好きではないかを調査したところ、次のことがわかった。このとき、論理的に確実にいえるのはどれか。

ア　たこ焼きが好きではない人は、うどんが好きではない。
イ　そばが好きな人は、たこ焼きが好きではない。
ウ　すしが好きな人は、そばが好きである。

1. すしが好きな人は、うどんが好きではない。
2. すしが好きではない人は、たこ焼きが好きである。
3. すしが好きではない人は、そばが好きではない。
4. うどんが好きな人は、そばが好きである。
5. たこ焼きが好きな人は、うどんが好きである。

解説

条件ア～ウを、次のように論理式に表します。

ア　$\overline{たこ} \to \overline{うどん}$
イ　そば $\to \overline{たこ}$
ウ　すし $\to$ そば

慣れてきたら、この作業は飛ばしてOK！　直接まとめたほうが早いからね。

これをまとめると、次のようになります。

すし　$\to$　そば　$\to$　$\overline{たこ}$　$\to$　$\overline{うどん}$

これより、選択肢を確認します。

肢1　「すし→$\overline{うどん}$」が導けますので、確実にいえます。
肢2　「$\overline{すし}$→たこ」は、対偶を作ると「$\overline{たこ}$→すし」となりますが、いずれにしても導けません。
肢3　同様に、「$\overline{すし}$→$\overline{そば}$」は、対偶を作ると「そば→すし」となりますが、いずれにしても導けません。

06 命題と論理

肢4 同様に、「うどん→そば」は、対偶を作ると「そば→うどん」となりますが、いずれにしても導けません。

肢5 同様に、「たこ→うどん」は、対偶を作ると「うどん→たこ」となりますが、いずれにしても導けません。

以上より、正答は肢1です。

正答》 1

No.2

出典 海上保安大学校等 2022　難易度 ▶ ★ ★ ★

あるマラソン大会の参加者にアンケート調査を行ったところ、次のことが分かった。

ア　3位以内に入った者は、大会前日に肉料理を食べた。

イ　友人と共に参加した者は、大会前の1か月間に毎日10km走っていた。

このとき、「3位以内に入った者は、大会前の1か月間に毎日10km走っていた。」ということが確実にいえるためには、次のうちどの条件があればよいか。

1. 友人と共に参加しなかった者は、大会前日に肉料理を食べなかった。
2. 大会前の1か月間に毎日10km走っていた者は、大会前日に肉料理を食べなかった。
3. 大会前日に肉料理を食べなかった者は、大会前の1か月間に毎日10km走っていなかった。
4. 大会前日に肉料理を食べなかった者は、友人と共に参加しなかった。
5. 友人と共に参加した者は、3位以内に入った。

解説

条件ア、イ、及び、導きたい結論を、次のように論理式に表し、それぞれ①〜③とします。

141

```
ア    3位以内   →   肉料理   …①
イ    友人     →   10km   …②
結論  3位以内   →   10km   …③
```

これより、選択肢の命題を①、②に加えて、③を導けるか確認します。

肢1 「友人→肉料理」は、対偶を作ると「肉料理→友人」となり、これを、①、②につなげると、次のようになります。

```
3位以内   →   肉料理   →   友人   →   10km
```

これより、「3位以内→10km」を導けます。

肢2 「10km→肉料理」を、①の対偶「肉料理→3位以内」と②につなげると、次のようになります。

```
友人   →   10km   →   肉料理   →   3位以内
```

ここから、「10km→3位以内」とその対偶「3位以内→10km」は導けますが、③を導くことはできません。

肢3 「肉料理→10km」の対偶「10km→肉料理」を、①，②につなげると、次のようになり、ここから、③は導けません。

```
3位以内   →   肉料理   ←   10km   ←   友人
```

肢4 「肉料理→友人」の対偶「友人→肉料理」を、①、②につなげると、次のようになり、ここから、③は導けません。

```
3位以内   →   肉料理   ←   友人   →   10km
```

肢5 「友人→3位以内」を、①、②につなげると、次のようになり、ここから、③は導けません。

> 10km ← 友人 → 3位以内 → 肉料理

以上より、正答は肢1です。

正答》1

No.3

出典》特別区Ⅲ類 2019　難易度▶★★★☆

森で少年達が虫取りをしたところ、採れた昆虫は、カナブン、カブトムシ、カミキリムシ、クワガタムシの4種であった。今、次のア～ウのことが分かっているとき、確実にいえるのはどれか。

ア　カナブンを採った者は、カブトムシとカミキリムシも採った。
イ　カブトムシを採っていない者は、カミキリムシを採った。
ウ　カミキリムシを採った者は、クワガタムシを採っていない。

1．カナブンとクワガタムシを採った者がいる。
2．カブトムシとカミキリムシを採った者は、カナブンを採った。
3．カミキリムシを採っていない者は、クワガタムシを採った。
4．クワガタムシを採った者は、カブトムシを採っていない。
5．クワガタムシを採ったものは、カナブンを採っていない。

解説

条件を、次のように論理式に表します。

> ア　カナ　→　カブ∧カミ
> イ　$\overline{カブ}$　→　カミ
> ウ　カミ　→　$\overline{クワ}$

アは、「カナ→カブ」「カナ→カミ」と分解できますので、これをまとめて、ウにつなげると、次のようになります。

143

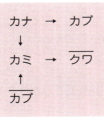

さらに、イをつなげて、次のようになります。

「カブ」と「カブ」は1つにはできないから、こうやって両方書くしかない。選択肢を見るときは要注意！

これより、選択肢を確認します。

肢1 「カナ→クワ」が導けますので、カナブンを採った者はクワガタムシを採っていませんから、両方を採った者はいません。

肢2 「カブ」からも「カミ」からも「カナ」に矢印はつながっていませんし、まして、両方採った者の情報はわかりませんので、確実にはいえません。

肢3 「カミ→クワ」は対偶を作ると「クワ→カミ」となりますが、いずれにしても導けません。

肢4 「クワ→カブ」は対偶を作ると「カブ→クワ」となりますが、いずれにしても導けません。

肢5 「クワ→カナ」は対偶を作ると「カナ→クワ」となり、これは導けますので、確実にいえます。

以上より、正答は肢5です。

正答》5

06 命題と論理

No.4

出典 国家一般職（高卒）2024　難易度 ▶ ★ ★ ☆

　次のA〜Dの推論のうち、論理的に正しいもののみを挙げているのはどれか。

　A：華道と茶道どちらも好きな人は、書道が好きである。
　　書道が好きな人は、弓道が好きである。
　　したがって、華道又は茶道が好きな人は、弓道が好きである。
　B：映画が好きでない人は、小説が好きでない。
　　漫画が好きでない人は、小説が好きである。
　　したがって、映画が好きでない人は、漫画が好きである。
　C：トマトが好きな人は、キュウリが好きである。
　　トマトが好きでない人は、ピーマンが好きでない。
　　したがって、キュウリが好きな人は、トマトが好きである。
　D：ピアノが得意な人は、ギターとドラムどちらも得意でない。
　　したがって、ギター又はドラムが得意な人は、ピアノが得意でない。

1. A、C　　2. A、D　　3. B、C　　4. B、D　　5. C、D

解説

推論A〜Dについて確認します。

推論A

与えられた2つの命題を論理式に表してつなげると、次のようになります。

　　華道 ∧ 茶道　→　書道　→　弓道

　ここから、「華道 ∧ 茶道 → 弓道」は導けますが、「華道 ∨ 茶道 → 弓道」は導けません。

　よって、推論Aは正しくありません。

> 逆に、「華 ∨ 茶 → 弓」から「華 ∧ 茶 → 弓」を導くことならできるよ。「華 ∧ 茶」は「華 ∨ 茶」の一部だからね。

推論B

与えられた2つの命題を、次のように論理式で表します。

145

$$\overline{映画} \rightarrow 小説 \quad \cdots ①$$
$$\overline{漫画} \rightarrow 小説 \quad \cdots ②$$

②の対偶「$\overline{小説} \rightarrow 漫画$」と①をつなげて、次のようになります。

$$\overline{映画} \rightarrow \overline{小説} \rightarrow 漫画$$

ここから、「$\overline{映画} \rightarrow 漫画$」が導けますので、推論Bは正しいです。

推論C

同様に、2つの命題を論理式で表します。

$$トマト \rightarrow キュウリ \quad \cdots ③$$
$$\overline{トマト} \rightarrow \overline{ピーマン} \quad \cdots ④$$

④の対偶「$ピーマン \rightarrow トマト$」と③をつなげて、次のようになります。

$$ピーマン \rightarrow トマト \rightarrow キュウリ$$

ここから、「$キュウリ \rightarrow トマト$」は導けませんので、推論Cは正しくありません。

推論D

与えられた命題を論理式で表します。

$$ピアノ \rightarrow \overline{ギター} \wedge ドラム$$

これの対偶を作り、**ド・モルガンの法則**で形を変えると、次のようになります。

$$対偶 \quad \overline{\overline{ギター} \wedge ドラム} \rightarrow \overline{ピアノ} \ = \ ギター \vee \overline{ドラム} \rightarrow \overline{ピアノ}$$

これより、「$ギター \vee \overline{ドラム} \rightarrow \overline{ピアノ}$」は導けますので、推論Dは正しいです。

以上より、論理的に正しい推論はBとDで、正答は肢4です。

> バーが付いているのを否定すると、バーが外れるからね。
> ド・モルガンの法則は、両方を否定して、∨と∧を逆にすればいいわけね。

正答》 4

No.5   出典 警視庁Ⅲ類 2023   難易度 ★★★

あるインターネットサイトの、ニュース、スポーツ、芸能、ビジネスの4種のウェブページへのアクセス状況を調べたところ、次のア～ウのことがわかった。このとき、確実にいえることとして、最も妥当なのはどれか。

ア　ニュースとスポーツの両方にアクセスした者はいなかった。
イ　スポーツまたはビジネスの少なくとも一方にアクセスした者は、全員芸能にアクセスした。
ウ　芸能とニュースの両方にアクセスした者は、ビジネスにはアクセスしなかった。

1. ニュースとビジネスの両方にアクセスした者はいなかった。
2. スポーツだけにアクセスした者がいた。
3. ニュースだけにアクセスした者はいなかった。
4. 芸能だけにアクセスした者はいなかった。
5. 芸能またはスポーツの少なくとも一方にアクセスした者は、ニュースにはアクセスしなかった。

解法 1

条件ア～ウを、次のように論理式に表します。

```
ア　ニュース　→　スポーツ（否定）
イ　スポーツ∨ビジネス　→　芸能
ウ　芸能∧ニュース　→　ビジネス（否定）
```

条件アは、「ニュースにアクセスした者はスポーツにアクセスしなかった」ということだね。「スポーツにアクセスした者はニュースにアクセスしなかった」は、その対偶で、どっちでもOK！

ここで、イは、「スポーツ→芸能」「ビジネス→芸能」と分解し、アの対偶「スポーツ→ニュース（否定）」とつなげると、次のようになります。

```
スポーツ　→　ニュース（否定）
　↓
芸能　←　ビジネス
```

また、ウは分解できませんので、次のように、<u>ド・モルガンの法則</u>を使って対偶を作ってみます。

慣れてきたら、ド・モルガンの法則を使って、一気に対偶を作ればいいね。

ウの対偶　　ビジネス → $\overline{芸能 \land ニュース}$
　　＝　　　ビジネス → $\overline{芸能} \lor \overline{ニュース}$

ここで、以下の２つの関係に着目します。

イを分解した片方　ビジネス → 芸能　　　　　…①
ウの対偶　　　　　ビジネス → $\overline{芸能} \lor \overline{ニュース}$ …②

②より、ビジネスにアクセスした者は、**芸能かニュースの少なくとも一方にはアクセスしていない**わけですが、①より、**芸能には全員アクセスしています**。

そうすると、②を満たすには、ビジネスにアクセスした者は、**全員ニュースのほうにはアクセスしていない**ことになり、「**ビジネス→ニュース**」が導けますね。

どっちかはナシなのに、片方がマストだったら、もう片方がナシってことだよね。

これより、選択肢を見ると、肢１が確実にいえるとわかり、正答は肢１です。

ちなみに、肢２は、条件イから誤りとわかるけど、肢３〜５は、論理式からでは判断できないね。

解法 2

本問の条件は、論理式がうまくつながらないことと、選択肢に特称命題があることから、<u>ベン図</u>に表して考えてみます。

まず、条件ア、イをそれぞれベン図で表すと図１のようになります。

06 命題と論理

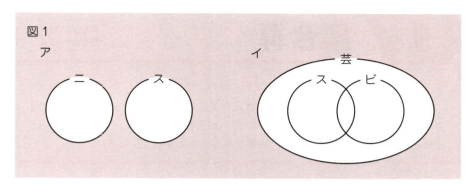
図1

ここで、イの図を中心に、条件アとウを満たすように、「ニュース」を加えます。
条件アより、「ニュース」は「スポーツ」と離れ、条件ウより、「芸能」と交わる部分が「ビジネス」と離れるように書き加えると、図2のようになります。

> 「ニュース∧芸能」は「ビジネス」と交わりを持たないようにするんだよ。

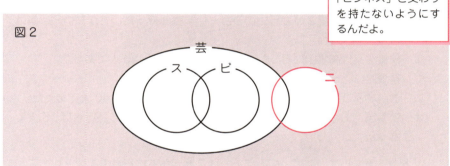
図2

これより、選択肢を確認します。

肢1 「ニュース」と「ビジネス」は交わりませんので、両方にアクセスした者はいません。
肢2 「スポーツ」に該当する者は、全員「芸能」に該当しますので、スポーツだけにアクセスした人はいません。
肢3 「ニュース」のみに該当する者がいる可能性はありますが、確実にはいえません。
肢4 「芸能」のみに該当する者がいる可能性はありますので、確実にはいえません。
肢5 「芸能」と「ニュース」の両方に該当する者がいる可能性はありますので、確実にはいえません。

以上より、正答は肢1です。

正答 ≫ 1

section 07 集合算

重要度 ▶ ★★☆
頻出度 ▶ ★★☆

> **ガイダンス**
>
> いくつかの要素でのグループ分けされた集合の人数などについて考える問題で、「6 命題と論理」でも使った「ベン図」が便利に使えます。東京都では、ほぼ毎年出題されており、たまに、難問もあるので注意してください。

例題 1 ベン図に整理する問題

出典 ▶ 東京都Ⅲ類 2024 難易度 ▶ ★☆☆

500 人の旅行者に対して、都内で行ったことがある観光地について調べたところ、次のことが分かった。

ア　秋葉原、お台場及び高尾山のうち、いずれも行ったことがない旅行者は 50 人であった。
イ　秋葉原又は高尾山に行ったことがある旅行者は 425 人であった。
ウ　秋葉原に行ったことがある旅行者は 275 人であった。
エ　お台場及び高尾山の両方に行ったことがある旅行者は 40 人であった。
オ　秋葉原、お台場及び高尾山の全てに行ったことがある旅行者は 15 人であった。

以上から判断して、高尾山のみに行ったことがある旅行者の人数として正しいのはどれか。

1. 75 人　　2. 110 人　　3. 125 人　　4. 140 人　　5. 160 人

> 3 つの観光地に行ったことがある人の集合をベン図に表して考える、集合算の最も典型的なタイプの問題です。条件からわかることを記入したら、そこからわかるところを計算して求めて行きましょう。

解説

条件を、次のような、「ベン図」に整理します。それぞれの観光地の集合において、行ったことがある人が内側、ない人が外側になりますね。

> 他の参考書などで「キャロル表」というのを使っていることもあるけど、同じ構造だから、好きなほうを使って OK！

まず、全体の「500人」と、条件ア、ウ、オで与えられた人数を、図のように記入し、残る箇所をa〜fとします。

求める「高尾山のみ」はfですから、ここをチェックしておきましょう。

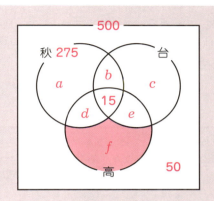

条件ウの「275人」は、秋葉原の集合の合計（＝$a+b+d+15$）だからね。

条件エより、「お台場及び高尾山の両方」は、図の、真ん中の「15」とeの合計ですから、ここから、$e = 40 - 15 = 25$ がわかります。

秋葉原にも行った人が15人で、行ってない人がeだね。

さらに、条件イより、「秋葉原または高尾山」は、図の、a、b、d、e、fと真ん中の「15」の合計ですから、次のようになります。

「または」だから、「$d+15$」ではないので、気をつけて！

$(a + b + d + 15) + e + f = 425$
$a + b + d + 15 = 275$、$e = 25$ を代入して
$275 + 25 + f = 425$
$f = 425 - 275 - 25 = 125$

よって、求める人数は125人で、正答は肢3です。

正答≫3

例題 2　3グループに分ける問題

出典 ▶ 特別区Ⅲ類 2023　難易度 ▶ ★★★

ある音楽学校の生徒100人のうち、ピアノを弾ける生徒が48人、バイオリンを弾ける生徒が43人、ギターを弾ける生徒が35人で、ピアノとバイオリンを弾ける生徒が13人、ピアノとギターを弾ける生徒が11人、バイオリンとギターを弾ける生徒が8人いた。いずれの楽器も弾けない生徒が2人いたとき、3つの楽器全てを弾ける生徒数はどれか。

1. 2人　　　2. 3人　　　3. 4人　　　4. 5人　　　5. 6人

「いくつの集合に該当するか」でグループ分けして、合計人数や延べ人数から方程式を立てる問題です。集合算の中では特殊なタイプなのですが、高卒程度試験では非常によく出題されており、最近では、「例題1」よりこちらのタイプの出題のほうが多い位です。

解説

とりあえず、3つの楽器を弾ける生徒の集合でベン図を作成して、条件からわかることを記入すると、次のようになります。

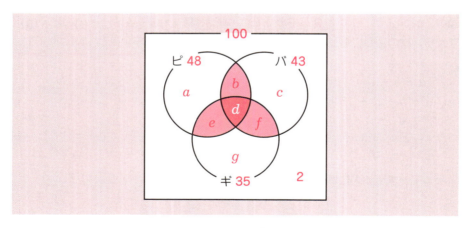

ここで、図の $a \sim g$ を、次のようなグループに分け、それぞれの人数をまとめて、X、Y、Zとします。

1つのみ弾ける生徒 → $a + c + g = X$
2つのみ弾ける生徒 → $b + e + f = Y$　…①
3つ全て弾ける生徒 → $d = Z$　…②

> Zはdだけだから、dのままでもいいけど、一応ね。

ここで、どれか1つ以上弾ける<u>生徒の数</u>について、次のような式が立ちます。

$X + Y + Z = 100 - 2 = 98$　…③

また、この98人の生徒たちが弾くことができる楽器の<u>延べ数</u>を考えると、X人の生徒たちは1つしか弾けないので、1人1つ、Y人の生徒たちは2つ弾けるので、1人2つ、同様に、Z人の生徒たちは1人3つとしてカウントすると、全部で、<u>$X + 2Y + 3Z$</u>と表せ、これは、<u>各楽器を弾ける延べ人数と一致</u>するので、次のような式が立ちます。

> ベン図が1枚だけのところ（X）は1回、2枚重なっているところ（Y）は2回、3枚重なっているところ（Z）は3回カウントすると、3枚のベン図の合計になるよね。

$X + 2Y + 3Z = 48 + 43 + 35$
$X + 2Y + 3Z = 126$　…④

さらに、条件より、図の$a \sim g$について、次のような式が立ちます。

ピアノとバイオリンが弾ける生徒　→　$b + d = 13$　…⑤
ピアノとギターが弾ける生徒　　　→　$e + d = 11$　…⑥
バイオリンとギターが弾ける生徒　→　$f + d = 8$　　…⑦
⑤＋⑥＋⑦より、$(b + e + f) + 3d = 13 + 11 + 8$
①、②を代入して、$Y + 3Z = 32$　…⑧

これより、③、④、⑧を連立方程式として解くと、次のようになります。

④より、X＋Y＋(Y＋3Z)＝126
⑧を代入して、X＋Y＋32＝126
　　　　　　　　X＋Y＝94　…⑨
③に⑨を代入して、94＋Z＝98
　　　　　　　　∴Z＝4
Z＝4を⑧に代入して、Y＋3×4＝32
　　　　　　　　　　Y＋12＝32
　　　　　　　　　　∴Y＝20
Y＝20を⑨に代入して、X＋20＝94
　　　　　　　　　　∴X＝74

>
> このタイプの特徴は、3つの要素（本問では楽器）についての条件が一様に与えられていて、ベン図のどこか特定の部分（3つ全部OKの部分と全部NGの部分除く）の条件が与えられていないこと。このタイプだとわかったら、「1つのみ」「2つのみ」「3つ全部」の3グループに分けて、実際の人数（③の式）と、延べ人数（④の式）を立てることを考えてみて。

よって、3つ全てを弾ける生徒数（Z）は、4人となり、正答は肢3です。

正答》3

例題3　最少人数を考える問題　　出典▶東京都Ⅲ類2021　難易度▶★☆☆

ある会社の社員40人について、嫌いな野菜を調べたところ次のことが分かった。

　A　セロリが嫌いな社員は32人であった。
　B　ゴーヤが嫌いな社員は29人であった。
　C　ケールが嫌いな社員は26人であった。

以上から判断して、セロリ、ゴーヤ及びケール全てが嫌いな社員は少なくとも何人いるか。

1. 6人　　　2. 7人　　　3. 8人　　　4. 9人　　　5. 10人

3つの野菜が出てくるので、一見、ベン図で解けそうですが、条件が少な過ぎますね。本問のような「最少人数」などを求める問題は、基本的な考え方がわかれば、簡単な計算で解けますよ。

解説

まず、条件Ａ、Ｂより、**セロリとゴーヤの両方が嫌いな社員の最少人数**を考えます。

セロリが嫌いな社員は32人ですから、嫌いでない社員は、40 − 32 ＝ 8（人）いますね。仮に、この8人全員がゴーヤを嫌いであったとして、ゴーヤを嫌いな社員は29人ですから、**あとの 29 − 8 ＝ 21（人）は、セロリとゴーヤの両方が嫌い**であるとわかり、これが、セロリとゴーヤの最少人数になります。

すなわち、図1の①のような、**32と29の重なる最小の長さ**に当たるわけで、①のような計算で求めることができます。

> これはあくまで最小の長さで、実際にはこれ以上重なっている可能性もあるからね。

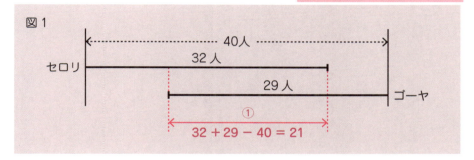

すなわち、セロリとゴーヤの人数を足して、**全体の人数を1回引けば**、重なっている部分の人数が求められるわけです。

次に、条件Ｃより、ケールを加えます。セロリとゴーヤの両方が嫌いな社員が**最少の21人しかいない**として、これとケールが嫌いな**26人が重なる最小の長さ**を図で示すと、図2の②のようになり、これが、**全て嫌いな社員の最少人数**になります。

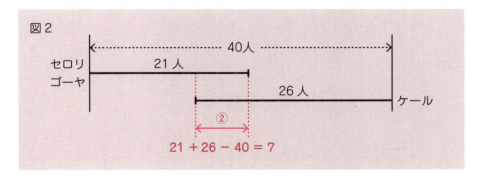

すなわち、①の計算に 26 を加えて、さらに全体の人数を引けばいいわけですね。

これより、①と②の計算を合わせて考えると、3つの野菜を嫌いな人数を合計した人数から、全体の人数を2回引いて、32 + 29 + 26 − 40 × 2 ＝ 7（人）と求めることもできますね。

よって、正答は肢2です。

それぞれを合計して、2種類だったら、全体の人数を1回引く、3種類だったら2回引く、4種類だったら3回引く、とすればいっぺんに求められるけど、①→②のように、順に計算したほうが安全かもね

正答≫2

07 集合算

No.1

出典 東京都キャリア 2023　難易度 ▶ ★ ★ ☆

　ある回転寿司店のキャンペーンで、ウニの軍艦巻き、ぶりのにぎり、ウナギのにぎりの3種類について、通常価格の半額にしたところ、来店客200人の注文状況は次のとおりであった。

　ア　ぶりのにぎりを注文しなかった来店客の人数は155人であった。
　イ　2つ以上注文した来店客のうち、少なくともウニの軍艦巻きとぶりのにぎりの2つのメニューを注文した来店客の人数は14人であり、少なくともぶりのにぎりとウナギのにぎりの2つのメニューを注文した来店客の人数は16人であった。
　ウ　ウナギのにぎりのみ注文した来店客の人数は17人であり、ウニの軍艦巻きのみを注文した来店客の人数はウニの軍艦巻きとウナギのにぎりの2つのみを注文した来店客の人数の6倍であった。
　エ　ウニの軍艦巻き、ぶりのにぎり、ウナギのにぎりの3種類全てを注文した来店客の人数は6人であり、ウニの軍艦巻き、ぶりのにぎり、ウナギのにぎりの3種類をいずれも注文しなかった来店客の人数は33人であった。

　以上から判断して、ウニの軍艦巻きのみを注文した来店客の人数と、ぶりのにぎりのみ注文した来店客の人数の差として、正しいのはどれか。

1. 67人　　2. 68人　　3. 69人　　4. 70人　　5. 71人

解説

　ウニ、ぶり、ウナギを注文した来店客のベン図を作成します。
　条件アより、ぶりを注文したのは、200 − 155 = 45（人）ですから、これと、条件ウ、エからすぐにわかることを、図1のように記入し、残る箇所を $a \sim e$ とします。

157

図1

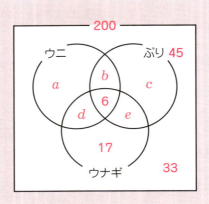

条件イより、「ウニとぶりの両方を注文」したのは、bと真ん中の「6」の合計ですから、ここから、$b = 14 - 6 = 8$ がわかります。

同様に、「ぶりとウナギの両方を注文」したのは、真ん中の「6」とeの合計ですから、$e = 16 - 6 = 10$ がわかり、これより、cも以下のようにわかります。

> わかりにくい書き方しているけど、要はこういうことだからね。

$b + c + e + 6 = 45$
$b = 8,\ e = 10$ を代入して、
$8 + c + 10 + 6 = 45$
$c = 45 - 8 - 10 - 6 = 21$

また、図1より、「ぶりを注文しなかった来店客」について、次のようになります。

$a + d + 17 + 33 = 155$
$a + d = 155 - 17 - 33 = 105$ …①

さらに、条件ウより、aはdの6倍ですから、$a = 6d$を①に代入して、次のようになります。

$6d + d = 105$
$7d = 105$
$\therefore d = 15$
$a = 6d$ に代入して、$a = 6 \times 15 = 90$

これより、$a \sim e$ に数値を記入すると、図2のようになります。

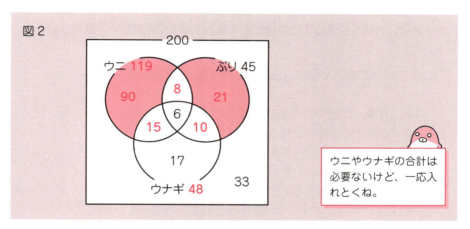

図2

ウニやウナギの合計は必要ないけど、一応入れとくね。

本問で求めるのは、「ウニのみ」の90人と、「ぶりのみ」の21人の差ですから、$90 - 21 = 69$（人）で、正答は肢3です。

正答》3

No.2

出典▶警視庁Ⅲ類2018　難易度▶★★☆

　ある会議の参加者97人に対して、A案、B案、C案の3つの案に関する「賛成」か「反対」かのアンケートを実施したところ、以下のことが分かった。

- A案に賛成したのは38人で、そのうち15人はA案のみに賛成した。
- B案に賛成したのは47人で、そのうち26人はB案のみに賛成した。
- C案に賛成したのは43人で、そのうち17人はC案のみに賛成した。
- A案、B案、C案全てに賛成した人数と、全てに反対した人数は等しかった。

このとき、確実にいえることとして、最も妥当なのはどれか。

1. A案、B案、C案全てに賛成したのは7人である。
2. A案、B案の2つのみに賛成したのは6人である。
3. B案、C案の2つのみに賛成したのは9人である。
4. A案、C案の2つのみに賛成したのは10人である。
5. A案、B案、C案のうち2つに賛成したのは22人である。

解説

条件を、次のようにベン図に表します。

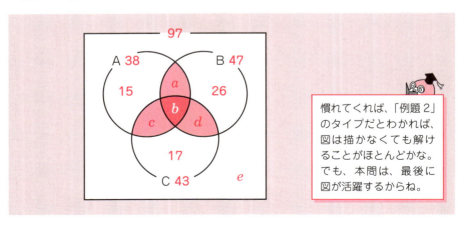

慣れてくれば、「例題2」のタイプだとわかれば、図は描かなくても解けることがほとんどかな。でも、本問は、最後に図が活躍するからね。

ここで、「例題2」と同様に、参加者を次のようにグループ分けします。

07 集合算

1つのみに賛成した人数　→　$15 + 26 + 17 = 58$
2つのみに賛成した人数　→　$a + c + d = X$
3つ全てに賛成した人数　→　$b = Y$

　条件より、全てに反対した人数（e）は、全てに賛成した人数と等しいので、$e = Y$とすると、まず、全体の人数について、次のような式が立ちます。

> 本問では、全てに反対した人数も含めて考えてね。

$58 + X + Y + Y = 97$
$X + 2Y = 39$　…①

　さらに、1つ以上に賛成した参加者の、賛成した案の延べ数について、次のような式が立ちます。

> 「例題2」と同様に、58人は1人1案、X人は1人2案、Y人は1人3案として合計するよ。

$58 + 2X + 3Y = 38 + 47 + 43$
$2X + 3Y = 128 - 58$
$2X + 3Y = 70$　…②

　ここで、①、②を連立方程式として解くと、次のようになります。

①×2−②より、　　$2X + 4Y = 78$
　　　　　　$-\underline{)\ 2X + 3Y = 70}$
　　　　　　　　$\therefore Y = 8$
$Y = 8$を①に代入して、$X + 2 \times 8 = 39$
　　　　　　　$X + 16 = 39$
　　　　　　　$\therefore X = 23$

　これより、2つのみに賛成したのは23人、3つ全てに賛成したのは8人とわかり、選択肢を確認すると、肢1と5は消去できますが、正答はまだわかりませんね。
　残る、肢2、3、4は、図のa、d、cの人数になりますので、これらを次のように求めます。

161

A案に賛成した人数より、$a + b + c + 15 = 38$
$b = Y = 8$ を代入して、$a + 8 + c + 15 = 38$
$$a + c = 15 \quad \cdots ③$$
$X = a + c + d = 23$ に③を代入して、$15 + d = 23$
$$\therefore d = 8$$
B案に賛成した人数より、$a + b + d + 26 = 47$
$b = 8$、$d = 8$ を代入して、$a + 8 + 8 + 26 = 47$
$$\therefore a = 5$$
③に $a = 5$ を代入して、$5 + c = 15$
$$\therefore c = 10$$

ここで、図が役に立つでしょ！

　よって、A案、B案のみ賛成したのは5人、B案、C案のみ賛成したのは8人、A案、C案のみ賛成したのは10人となり、正答は肢4です。

正答》4

No.3

出典▶ 刑務官 2018　　難易度 ▶ ★ ★ ★

　ある小学校に通学する1年生、2年生の合計25人の児童について調査をしたところ、表のとおりであった。これから確実にいえるのはどれか。

項目	人数
徒歩で通学している	21人
自分の名前を漢字で書ける	15人
小学校1年生である	15人
通学時に帽子を被っている	10人
自転車に乗れる	8人
兄や姉と一緒に通学している	3人

1. 小学校1年生の児童の半数以上は、自分の名前を漢字で書ける。
2. 小学校1年生の児童の半数以上は、自転車に乗れる。
3. 小学校2年生の児童の半数以上は、徒歩で通学している。
4. 自転車に乗れる児童の中には、通学時に帽子を被っている児童がいる。
5. 兄や姉と一緒に通学している児童の中には、徒歩で通学している児童がいる。

07 集合算

解説

表の項目を、次のように①～⑥とします。

	項目	人数
①	徒歩で通学している	21人
②	自分の名前を漢字で書ける	15人
③	小学校1年生である	15人
④	通学時に帽子を被っている	10人
⑤	自転車に乗れる	8人
⑥	兄や姉と一緒に通学している	3人

1年生、2年生の合計は25人で、③より、1年生は15人ですから、2年生は10人となります。

これより、それぞれの選択肢について確認します。

肢1 ②より、自分の名前を漢字で書ける児童は15人ですが、このうち <u>1年生の最少人数は、15 + 15 − 25 = 5（人）</u> なので、1年生15人の半数以上かどうかは、確実にはいえません。

「例題3」と同じように計算するよ。②の15人のうち、10人までは2年生の可能性があるので、1年生は最少で5人ということね。もちろん、もっといる可能性はあるよ。

肢2 ⑤より、自転車に乗れる児童は8人で、1年生は15人ですから、合わせても25人以下となり、<u>両方に該当する児童が1人もいない可能性</u>もあります。

よって、確実にはいえません。

肢3 ①より、徒歩で通学している児童は21人で、このうち、<u>2年生の最少人数は、10 + 21 − 25 = 6（人）</u> なので、2年生10人の半数以上であると確実にいえます。

肢4 肢2と同様に、④、⑤より、自転車に乗れる児童は8人で、通学時に帽子を被っている児童は10人ですから、合わせても25人以下となり、<u>両方に該当する児童が1人もいない可能性</u>もあります。

よって、確実にはいえません。

肢5 同様に、①、⑥より、21人と3人で合わせて25人以下ですから、<u>両方に該当する児童が1人もいない可能性</u>もあります。

よって、確実にはいえません。

以上より、正答は肢3です。

正答 》3

section

08 真偽

重要度 ▶ ★ ★ ★
頻出度 ▶ ★ ★ ★

> **ガイダンス**
>
> 　条件の中に、嘘の発言などがある、「うそつき問題」とも呼ばれる分野です。出題頻度はそれほど高くはありませんが、仮定を立てながら推理するなど頭を使うことが多く、実力が養える問題が多いです。

例題1　仮定を立てて推理する問題　　出典 警視庁Ⅲ類 2021　　難易度 ▶ ★ ★ ★

　A～Eの5人のうち、2人は正直者、3人は嘘つきであることが分かっている。4人が以下のような発言をしたとき、正直者の組合せとして、最も妥当なのはどれか。

　A　「Cは嘘つきである。」
　B　「Dは嘘つきである。」
　C　「Eは嘘つきである。」
　D　「Aは正直者である。」

1. A、B
2. A、C
3. A、D
4. B、C
5. B、D

とりあえず、最初の人の発言を○と仮定して推理する、真偽の問題では最も基本的なタイプです。

解説

　各人は、いずれも自分以外の人の真偽（正直者か嘘つきか）について発言していますので、例えば、**Aの発言が○（本当）と仮定**すると、ここから**Cの情報**へつながり、さらに、Cの発言から**Eの情報**へとつながっていきます。

08 真偽

これより、Aの発言が〇と仮定し、条件を満たすか確認します。

まず、Aの発言が〇なら、Cは嘘つきになりますから、**Cの発言は×（嘘）**なので、**Eは正直者**になります。

さらに、**Dの発言が〇**になりますから、Dは正直者で、これより、**Bの発言が×**になり、各人の発言の真偽（＝正直者 or 嘘つき）は、表1のようになります。

表1

A	B	C	D	E
〇	×	×	〇	〇

> 問題の発言部分に、各人の〇×を記入しながら推理していけばいいね！

しかし、この場合、**正直者が3人で、嘘つきが2人**になり、条件を満たしませんね。

これより、**Aの発言が〇と仮定した場合は成立しません**ので、ここで、**Aの発言は×**に確定します。

そうすると、Aの発言から、Cは正直者であるとわかり、**Cの発言は〇**ですから、**Eは嘘つき**となります。

また、**Dの発言は×**になりますので、Dは嘘つきで、これより、**Bの発言が〇**になり、表2のようになります。

> 仮定を立てて推理し、矛盾が起これば、その仮定は誤りであるという「背理法」の考えだよね。
> まあ、難しいことはどうでもいいけど。

表2

A	B	C	D	E
×	〇	〇	×	×

この場合は、**正直者が2人で、嘘つきが3人**になり、条件を満たします。

よって、正直者の組合せはBとCで、正答は肢4です。

正答 ≫ 4

例題 2 ２つの発言を推理する問題
出典 ▶ 東京消防庁Ⅲ類 2022　難易度 ▶ ★ ★

A〜Eの５人が短距離走を行った。その結果について、各人が次のように述べているが、全員がそれぞれの発言において、半分は本当のことを言い、半分はうそを言っている。このとき、確実にいえることとして、最も妥当なのはどれか。ただし、同着の者はいなかったものとする。

A 「私は３位で、Bは１位である。」
B 「私は２位で、Cは４位である。」
C 「私は４位で、Dは５位である。」
D 「私は２位で、Eは５位である。」
E 「私は１位で、Dは３位である。」

1. Aは３位である。
2. Bは１位である。
3. Cは４位である。
4. Dは３位である。
5. Eは５位である。

１人が２つ（またはそれ以上）の発言をしてる問題で、本問のように、片方が〇で片方が×というのは頻出パターンです。この場合は、どちらかを〇と仮定すると、その他の発言の〇×につながっていくことが多く、割と得点しやすいです。

解説

例えば、Aの２つの発言の片方を〇と仮定すると、もう片方は×になりますので、ここで、次のように場合分けをします。

（1） Aの前半の発言が〇の場合

Aの後半は×になり、**Aは３位**ですから、**Eの後半は×**で、前半が〇になり、**Eが１位**となります。

これより、**Dの後半は×**で、前半が〇になり、**Dは２位**、そこから、**Bの前半が×**で、後半が〇になり、**Cは４位**、これより、Cの前半が〇、後半が×になり、残る**Bが５位**で成立します。まとめると、次のようになりますね。

順位の情報はきちんと整理していこう。
Aの前半＝〇から、A＝３位がわかるから、他の人の「A」や「３位」を含む発言を探してみて。

08 真偽

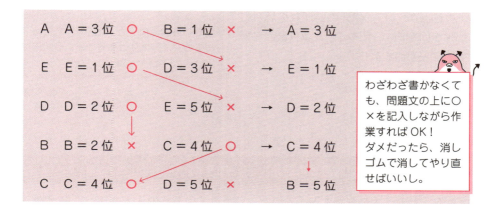

わざわざ書かなくても、問題文の上に○×を記入しながら作業すればOK！ダメだったら、消しゴムで消してやり直せばいいし。

(2) Aの前半の発言が×の場合

Aの後半が○になり、Bが1位になります。ここから、(1)と同様に作業すると、次のようになります。

```
A   A＝3位 ×   B＝1位 ○   → B＝1位

B   B＝2位 ×   C＝4位 ○   → C＝4位
E   E＝1位 ×   D＝3位 ○   → D＝3位

C   C＝4位 ○   D＝5位 ×
D   D＝2位 ×   E＝5位 ○   → E＝5位
                              ↓
                           A＝2位
```

以上より、(1)、(2)いずれの場合も成立し、順位をまとめると次のようになります。

	1位	2位	3位	4位	5位
(1)	E	D	A	C	B
(2)	B	A	D	C	E

これより、（1）、（2）のいずれの場合においても確実にいえることを選択肢から探すと、正答は肢3です。

肢3以外は、（1）と（2）の片方にはあるので、可能性はあるけど、確実にはいえないということね。

正答》3

例題 3 発言の矛盾に着目する問題
出典 特別区Ⅲ類 2018　難易度▶★★★

A～Eの5人の生徒が遊んでいたところ、このうちの1人が誤って掲示物を破ってしまった。5人に話を聞いて、次のような発言があったとき、1人が嘘をついているとすると、掲示物を破ったのはだれか。

A　「私は破っていない。」
B　「破ったのはAだ。」
C　「破ったのはAかDだ。」
D　「Bはうそをついている。」
E　「破ったのはDだ。」

1. A　　2. B　　3. C　　4. D　　5. E

真偽の問題の多くは、仮定を立てて推理しますが、中には、発言の矛盾に着目することで、早く解ける問題もあります。本問は、2通りの方法で解説します。

解法1

掲示物を破ったのが誰かによって、各人の発言の真偽がわかりますので、**破った人を仮定に立てて**推理します。

まず、破ったのがAだと仮定すると、Aの発言は×、BとCの発言は○ですから、DとEの発言は×で、**嘘つきが3人**になり、条件を満たしません。

嘘つきは1人だからね。

同様に、破ったのがB～Eの場合について、各人の発言の真偽をまとめると、次のようになります。

		掲示物を破った人と仮定				
		A	B	C	D	E
発言	A	×	○	○	○	○
	B	○	×	×	×	×
	C	○	×	×	○	×
	D	×	○	○	○	○
	E	×	×	×	○	×

　これより、嘘をついているのが1人という条件を満たすのは、Dが破ったと仮定した場合で、ここから、掲示物を破ったのはDとわかり、正答は肢4です。

解法2

　まず、AとBの発言に着目すると、掲示物を破ったのがAなら、Aの発言は×で、Bの発言は○ですが、破ったのがA以外であれば、Aの発言は○で、Bの発言は×になります。

　すなわち、この2人の発言は、片方が○でもう片方が×になるという関係にありますね。

　そうすると、この時点で、嘘をついている1人はAかBのいずれかですから、C、D、Eの発言はいずれも○になり、Eの発言から、破ったのはDとわかります。

　ちなみに、BとDの発言も、Bが○ならDは×、Bが×ならDは○ですから、片方が○でもう片方が×という関係になります。

　これより、嘘をついているのは、AかBの片方で、なおかつ、BかDの片方ですから、Bとわかりますね。

> 「破った人」はD、「嘘つき」はB、この2人イメージ被るけど、混乱しないようにね。

正答 ≫ 4

No.1

出典 裁判所職員一般職（高卒）2024　**難易度 ▶ ★ ★ ★**

　A、B、Cの3人は、桃太郎の家来の猿、犬、キジを演じた。彼らは、自分以外の人が演じた役について、「Aが演じた役は猿ではない」「Bが演じた役は犬ではない」「Cが演じた役はキジではない」と発言した。

　3人全員が発言したとは限らず、1人が複数の発言をしているかもしれないが、キジを演じた者は必ず発言した。また、正しい発言をしたのはキジを演じた者だけであり、他の者の発言はうそであった。

　この時、正しくいえるものは次のうちどれか。

1. Aが演じた役は猿である。
2. Aが演じた役は犬である。
3. Bが演じた役はキジである。
4. Bが演じた役は犬である。
5. Cが演じた役は猿である。

解説

与えられた発言を、次のようにア、イ、ウとします。

> ア「Aが演じた役は猿ではない」
> イ「Bが演じた役は犬ではない」
> ウ「Cが演じた役はキジではない」

　条件より、正しい発言をしたのはキジを演じた者（以下「キジ」とします）だけなので、**A、B、Cのうち誰がキジかを仮定**して、次のように場合分けをします。

（1）Aがキジの場合

　Aが演じた役はキジなので、**アの発言が○**になります。しかし、条件より、**アはAの発言ではない**ので、BまたはCの発言となりますが、B、Cの発言は正しくないので矛盾します。

　よって、Aはキジではありません。

> 発言は「自分以外の人の役について」とあるからね。

170

08 真偽

（2） Bがキジの場合

　同様に、**イの発言が○**になりますが、これも**Bの発言ではな
い**ので、AまたはCの発言となり、矛盾します。

　よって、Bはキジではありません。

> ここで、キジは
> Cに確定ね。

（3） Cがキジの場合（確定）

　Cはキジなので、**ウの発言が×**になり、これは**AまたはBの発言**となります。

　また、AとBは、片方が猿でもう片方が犬を演じていますから、アとイの発言に
ついては、以下のようにわかります。

　Aが猿、Bが犬を演じた場合　→　ア、イとも×　…①
　Aが犬、Bが猿を演じた場合　→　ア、イとも○　…②

---

　①の場合、**ア、イともC（キジ）の発言ではあり
ません**ので、「キジは必ず発言した」という条件に
反します。

> 本問はちょっと難しいけど、
> 似たような問題が他の試験
> でも出題されているので、
> がんばって復習してね！

　これより、②の場合に決まり、**ア、イともCの発
言**となり、成立します。

　よって、Aは犬、Bは猿、Cはキジの役を演じたとわかり、正答は肢2です。

正答》2

171

No.2

出典 ▶ 裁判所職員一般職（高卒）2023　難易度 ▶ ★★☆

A、B、C、Dの4人のうち、1人は常に本当のことを言う「正直者」、2人は常にうそを言う「うそつき」、1人は本当のこともうそも言う「気まぐれ屋」である。4人はそれぞれが誰であるかを互いに知っている。

ある日、サッカーの試合で4人のうちの1人がゴールを決めた。
以下は4人の発言である。このとき、ゴールを決めたのは誰か。

A 「正直者はDです。ゴールを決めたのもDです。」
B 「私は気まぐれ屋です。私がゴールを決めました。」
C 「Aは本当のことしか言っていません。ゴールを決めたのもAです。」
D 「AとBのどちらかはうそつきです。誰がゴールを決めたのか、私は知りません。」

1. うそつきのA
2. 気まぐれ屋のA
3. 気まぐれ屋のB
4. うそつきのC
5. 正直者のD

解説

本問は、1人で2つ発言をしており、条件より、次のようになります。

2つとも○（正直者）	→	1人
2つとも×（うそつき）	→	2人
○×どちらもあり（気まぐれ屋）	→	1人

気まぐれ屋は、（○，○）（×，×）（○，×）（×，○）のいずれの可能性もあるからね。

ここで、Aの前半の発言を○または×と仮定して、次のように場合分けをします。

(1) Aの前半が○の場合

Aの前半が○なら、正直者はDですから、<u>Aは気まぐれ屋</u>となり、残る**BとCはうそつき**となります。

そうすると、Cの前半の発言は×ですから、Aの発言には嘘が含まれていることになりますが、前半は○ですから、

Aは、前半の発言が○なら、うそつきではないからね。

後半は×となります。

　これより、Ａ、Ｂ、Ｃの後半の発言はいずれも嘘になりますから、ゴールを決めたのは、**Ｄ、Ｂ、ＡではないのでＣ**となり、この場合、Ｄの発言が両方とも〇で矛盾はありません。

　これより、次のようにまとめます。

	前半の発言	後半の発言	何者か	ゴール
Ａ	〇	×	気まぐれ屋	
Ｂ	×	×	うそつき	
Ｃ	×	×	うそつき	〇
Ｄ	〇	〇	正直者	

（2）Ａの前半が×の場合

　Ａの前半が×なら、**正直者は、ＡでもＤでもありません**。また、Ｃの前半の発言も×になるので、**正直者はＣでもありません**。

　そうすると、残るＢが正直者になりますが、**Ｂの前半の発言と矛盾**します。

　よって、この場合、**正直者がいない**ことになり、成立しません。

　以上より、（1）のほうに決まり、ゴールを決めたのは「うそつきのＣ」となり、正答は肢 4 です。

正答》4

No.3

出典 警視庁Ⅲ類 2022　難易度 ★★★

A～Eの5人兄弟がいる。それぞれ自分自身について、次のように話している。次男と三男が嘘をついているとき、確実にいえることとして、最も妥当なのはどれか。

A 「Bより年下である。」
B 「四男である。」
C 「Dより年上である。」
D 「次男である。」
E 「Aより年下である。」

1. Aは嘘を言っている。
2. Bは本当のことを言っている。
3. Cは長男である。
4. Dは本当のことを言っている。
5. Eは五男である。

解説

まず、**Dの発言に着目**すると、次男は嘘をついているわけですから、**この発言が〇だとすると矛盾**があります。

すなわち、**Dの発言は×**なわけですが、次男の発言ではないので、もう1人の嘘つきである三男の発言となり、**Dは三男**とわかります。

これより、D以外の4人の中に、嘘つきはあと次男1人なので、さらに、4人の発言を考えると、仮に、A、B、Eの3人の発言がいずれも〇であった場合、**B（＝四男）＞A＞E**となり、**四男の下に2人いることになって矛盾**します。

すなわち、A、B、Eの発言のいずれかが×で、その発言は次男のものですね。

そうすると、残る**Cの発言は〇**になりますので、**C＞D（＝三男）**となりますが、**Cは次男ではないので長男**とわかります。

ここで、A、B、Eのうち、次男が誰かで場合分けをします。

次男は正直に「自分は次男」とは言わないからね。

ここで、肢3が正答とわかるね。

（1）Aが次男の場合

BとEの発言は〇ですから、Bは四男で、残るEが五男で、表1のように成立します。

08 真偽

表1

長男	次男	三男	四男	五男
C	A	D	B	E

（2）Bが次男の場合

AとEの発言は〇ですから、A＞Eとなり、表2のように成立します。

表2

長男	次男	三男	四男	五男
C	B	D	A	E

（3）Eが次男の場合

AとBの発言は〇ですから、Bは四男、Aが五男で、表3のように成立します。

表3

長男	次男	三男	四男	五男
C	E	D	B	A

以上より、表1〜3の3通りが成立し、いずれにおいても確実にいえることを選択肢から探します。

肢1 表1の場合、Aは次男で嘘をいっていますが、表2、3の場合は本当のことをいっていますので、確実にはいえません。

肢2 同様に、表1、3の場合、Bは本当のことをいっていますが、表2の場合は嘘をいっていますので、確実にはいえません。

肢3 表1〜3のいずれの場合でも、Cは長男なので、確実にいえます。

肢4 Dは三男で嘘をいっていますので、誤りです。

肢5 表1、2の場合、Eは五男ですが、表3の場合は次男ですから、確実にはいえません。

以上より、正答は肢3です。

正答≫3

section 09 暗号

重要度 ▶ ★ ☆ ☆
頻出度 ▶ ★ ☆ ☆

ガイダンス

与えられた例から暗号の仕組みを解く問題で、暗号にする文字がカナ文字とアルファベットのタイプがあり、最近はアルファベットの出題が多いです。特別区ではほぼ毎年出題されていますが、その他の出題率はあまり高くなく、国家（人事院）ではほとんど出題がありません。暗号は、少々クイズ性もあり楽しい問題が多いので、本番ではまらないように気をつけましょう。

例題 1　カナ文字の暗号

出典　東京都氷河期世代Ⅲ類 2022　難易度 ▶ ★ ★ ☆

ある暗号で「ＣｆＢｂＡｂ」が「セカイ」を、「ＡａＧｇＤｄ」が「アマタ」を、「ＡｃＤｆＤｆ」が「ウツツ」を表すとき、同じ暗号の法則で「ヘイワ」を表すものとして、妥当なのはどれか。

1. ＤｉＡｂＩｊ
2. ＤｊＡｃＪｋ
3. ＦｄＡｃＪａ
4. ＦｉＡｂＪｊ
5. ＦｊＡｃＪｋ

カナ文字の暗号は、50音表に記入すると規則性がわかることが多いです。多くの問題は、「アイウエオ」という「段」を表す部分と、「アカサタナ…」という「行」を表す部分の組合せで構成されていますが、本問は少しだけ特殊なタイプになります。

解説

暗号は、アルファベットの大文字と小文字が交互に並んでいますので、**大文字と小文字の組合せ**で考えると、次のように、**1組で1文字に対応**するとわかります。

Cf	Bb	Ab	Aa	Gg	Dd	Ac	Df	Df
セ	カ	イ	ア	マ	タ	ウ	ツ	ツ

176

09 暗号

すなわち、「セカイ」や「アタマ」などのカナ文字を暗号化したわけですね。

このよう問題は、「50音表」を作成して規則性を考えます。50音表のそれぞれのカナ文字に対応するところに暗号を記入すると、表1のようになりますね。

> 本問は、暗号がアルファベットなので、ややこしいけど、「カナ文字の問題」だからね。

> 例えば、「セ」はサ行のエ段なので、そこに「Ｃｆ」と記入するんだよ。

表1

	ア	カ	サ	タ	ナ	ハ	マ	ヤ	ラ	ワ
ア	Ａａ	Ｂｂ		Ｄｄ			Ｇｇ			
イ	Ａｂ									
ウ	Ａｃ			Ｄｆ						
エ			Ｃｆ							
オ										

表1より、「アカサタナ…」の各行で見ると、大文字部分が「ＡＢＣＤＥ…」と対応することがわかりますね。

そうすると、「アイウエオ」の段を小文字部分が表すように思えますが、例えば、ア段の暗号の小文字だけを見ると、「ア」→「a」、「カ」→「b」、「タ」→「d」、「マ」→「g」と一見バラバラに見えます。

しかし、「ア」「イ」「ウ」の3文字について見ると「a」「b」「c」と並んでおり、ア段の「カ」「タ」「マ」は、いずれも大文字と同じ文字であることから、ア行は「ａｂｃｄｅ」、カ行は「ｂｃｄｅｆ」、サ行は「ｃｄｅｆｇ」と並ぶと推測でき、これに従って表を埋めると、表2のように、この推測が正しいことがわかります。

> もちろん、本番では表を完成させる必要はなし！答えを出すための最小限の作業で終わらせて！

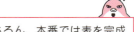

177

表2

	ア	カ	サ	タ	ナ	ハ	マ	ヤ	ラ	ワ
ア	Ａａ	Ｂｂ	Ｃｃ	Ｄｄ	Ｅｅ	Ｆｆ	Ｇｇ	Ｈｈ	Ｉｉ	Ｊｊ
イ	Ａｂ	Ｂｃ	Ｃｄ	Ｄｅ	Ｅｆ	Ｆｇ	Ｇｈ		Ｉｊ	
ウ	Ａｃ	Ｂｄ	Ｃｅ	Ｄｆ	Ｅｇ	Ｆｈ	Ｇｉ	Ｈｊ	Ｉｋ	
エ	Ａｄ	Ｂｅ	Ｃｆ	Ｄｇ	Ｅｈ	Ｆｉ	Ｇｊ		Ｉｌ	
オ	Ａｅ	Ｂｆ	Ｃｇ	Ｄｈ	Ｅｉ	Ｆｊ	Ｇｋ	Ｈｌ	Ｉｍ	

これより、「ヘイワ」を読み取ると、「ＦｉＡｂＪｊ」となり、正答は肢 4 です。

「イ」が「セカイ」と同じ「Ａｂ」だとすると、ここで肢 1 と 4 に絞られるね。あとは、「アカサタナ…」のほうがわかれば、答えは出せるかな。

正答 》 4

例題 2 アルファベットの暗号

出典 東京消防庁Ⅲ類 2020　難易度 ▶ ★ ★ ★

ある暗号で、「山形（やまがた）」は「2、26、14、26、20、26、7、26」と表すことができるとき、「青森（あおもり）」を表す暗号として、最も妥当なのはどれか。

1. 「26、13、15、13、10、19」
2. 「26、11、13、11、8、17」
3. 「26、14、16、14、11、20」
4. 「26、12、14、12、9、18」
5. 「26、10、12、10、7、16」

アルファベットには、カナ文字の「50 音表」のようなものはありませんが、文字を並べて暗号を記入し、規則性を調べるという基本的なスタンスは同じです。

09 暗号

解説

「やまがた」を表す暗号は**数字が8つ**ですが、同じ文字数の「あおもり」は、選択肢を見ると**数字が6つ**のようで、カナ文字のままでは文字数と暗号の数が一致しません。

このようなときは、「カナ文字」ではなく「アルファベット」のほうを疑ってみましょう。「やまがた」を<u>「Ｙ Ａ Ｍ Ａ Ｇ Ａ Ｔ Ａ」</u>として、暗号と対応させると、次のようになります。

> 「ＡＯＭＯＲＩ」も6文字で、選択肢の暗号の数と一致するでしょ。ちなみに、1文字目の「Ａ」が「26」、3文字目の「Ｍ」が「14」なのは肢4だけね！

2	26	14	26	20	26	7	26
Y	A	M	A	G	A	T	A

ここには「Ａ」が4つありますが、**いずれも「26」に対応**していますので、この対応でよさそうですね。

では、暗号の規則性を考えますが、アルファベットの場合は、カナ文字の「50音表」のようなものはありませんので、とりあえず、表1のように、<u>26文字を並べて対応する暗号を記入</u>してみましょう。

> 表にしなくても、ただ、26文字並べればOK。
> ちなみに、アルファベットの13文字目はMなので、2段にするなら、MとNのところで切ってね。

表1

A	B	C	D	E	F	G	H	I	J	K	L	M
26						20						14
N	O	P	Q	R	S	T	U	V	W	X	Y	Z
						7					2	

表1より、アルファベット1文字目（＝最後から26文字目）の「Ａ」は「26」、25文字目（＝最後から2文字目）の「Ｙ」が「2」であること、さらに、「Ｔ」「Ｍ」「Ｇ」の位置から、**「Ａ」→「Ｚ」は、「26」→「1」に対応**すると推測し、残るところに数字を記入すると表2のようになります。

179

表2

A	B	C	D	E	F	G	H	I	J	K	L	M
26	25	24	23	22	21	20	19	18	17	16	15	14
N	O	P	Q	R	S	T	U	V	W	X	Y	Z
13	12	11	10	9	8	7	6	5	4	3	2	1

　これより、「あおもり」を「ＡＯＭＯＲＩ」として、対応する暗号を調べると、「26、12、14、12、9、18」となり、正答は肢 4 です。

正答》4

09 暗号

No.1

出典 特別区経験者 2024　難易度 ▶ ★ ★ ★

　ある暗号で「杉並」が「72、51、122、33」、「世田谷」が「81、121、41、34」と表されるとき、同じ暗号の法則で「74、125、32、13」と表されるのはどれか。

1.「赤坂」
2.「牛込」
3.「本郷」
4.「浅草」
5.「深川」

解説

　「杉並」「世田谷」とも、暗号は数字が4つですから、「スギナミ」「セタガヤ」とカナ文字で表すと、次のように、文字数が暗号の数と一致します。

72	51	122	33		81	121	41	34
ス	ギ	ナ	ミ		セ	タ	ガ	ヤ

　カナ文字の暗号ですから、「例題1」のように、行や段による仕組みが期待できますが、このままではわかりませんので、「例題1」と同じように **50音表に記入**してみます。

　本問には、「ギ」や「ガ」のような**濁音**がありますが、とりあえず**「キ」「カ」として記入**すると、表1のようになります。

表1

	ア	カ	サ	タ	ナ	ハ	マ	ヤ	ラ	ワ
ア		41		121	122			34		
イ		51					33			
ウ			72							
エ			81							
オ										

181

表1を見ると、「カ」→「キ」や、「タ」→「ナ」あたりで、やや規則性がありそうにも見えますが、よくわかりませんね。

　ここで、本問のように、文字と暗号を普通に対応させてもよくわからないときに疑ってほしいこととして、「逆並びの対応」というのがあります。

　つまり、「スギナミ」「セタガヤ」の文字を逆順にして、次のように対応させるわけです。

> この仕組み、意外と多いんだよね。
> ゼッタイ、意地悪なヤツが考えたんだろな。

72	51	122	33		81	121	41	34
ミ	ナ	ギ	ス		ヤ	ガ	タ	セ

> 暗号の順番を逆にしてもOK！

　これで、あらためて50音表に記入すると、表2のようになります。

表2

	ア	カ	サ	タ	ナ	ハ	マ	ヤ	ラ	ワ
ア		121		41	51			81		
イ		122					72			
ウ			33							
エ			34							
オ										

　表2より、「アイウエオ」の各段について見ると、暗号の一の位が「12345」と対応し、「アカサタナ…」の行のほうは、十の位が「12345…」と対応すると推測できます。

　また、「カ」と「キ」だけは暗号が3桁になっていますが、これはもともと「ガ」と「ギ」であり、百の位の「1」が濁音を表していたと推測できます。

　これより、与えられた「74、125、32、13」を読み取ると、「メゴシウ」となり、逆に読むと、「ウシゴメ」＝「牛込」となり、正答は肢2です。

> 表を完成させなくても、読み取れるよね。

正答》2

09 暗号

No.2

出典 ▶ 特別区Ⅲ類 2024 ・ 難易度 ▶ ★ ★ ☆

　ある暗号で「さくら」が「□△6、○△1、○▽3、□▽6、□△5、○▽13」で表されるとき、同じ暗号の法則で「○△13、○▽5、□▽2、○▽13、○△7、○△9」と表される都道府県はどの地方にあるか。

1. 東北地方
2. 関東地方
3. 近畿地方
4. 中国地方
5. 四国地方

解説

　「さくら」を表す暗号は、○、□などの記号2個と数字1個の組合せで6組ありますね。

　「さくら」はカナ文字だと3文字ですが、アルファベット「SAKURA」とすると6文字なので、本問は次のように対応するとわかります。

□△6	○△1	○▽3	□▽6	□△5	○▽13
S	A	K	U	R	A

　ここでは、「A」が2つありますが、片方は「○△1」で、もう片方は「○▽13」ですから、同じ文字を表す暗号が複数ある仕組みであると推測できます。

　では、本問も「例題2」と同様に、アルファベットを並べて、対応する暗号を記入してみましょう（表1）。

たいていは1つの暗号に決まるんだけど、たまに、こういうこともあるからね。

183

表1

A	B	C	D	E	F	G	H	I	J	K	L	M
○△1 ○▽13										○▽3		
N	O	P	Q	R	S	T	U	V	W	X	Y	Z
				□△5	□△6		□▽6					

表1より、「R」→「S」に着目すると、「□△5」→「□△6」が対応しており、同じ記号で数字が並んでいますので、「R」が5番目なら、その**4つ前の「N」が**「□△1」で、ここからスタートして順に並んでいると推測できます。

しかし、その並びで行くと、「U」は「□△8」のはずですが、「□▽6」で異なります。ですが、「A」と同様に複数の表し方があると考えて、「□▽6」について見ると、**「U」は最後から6番目なので、1番後ろの「Z」が「□▽1」**で、ここからスタートして逆順に並んでいると推測できます。

この推測をもとに、A〜Mについて見ると、「A」の「○△1」のほうは、Aからスタートで、「○▽13」のほうは、「M」からスタートして並んでいると推測できると、「K」の「○▽3」とも合いますので、表2のような規則性であるとわかります。

表2

A	B	C	D	E	F	G	H	I	J	K	L	M
○△1 ———————————————————→ ○△13												
○▽13 ←——————————————————— ○▽1												
N	O	P	Q	R	S	T	U	V	W	X	Y	Z
□△1 ———————————————————→ □△13												
□▽13 ←——————————————————— □▽1												

すなわち、1つ目の記号は、**前半（A〜M）が○、後半（N〜Z）は□**で、2つ目の記号は、**前から順が△、後ろから順が▽**で、数字は順に何番目かを表した暗号とわかります。

> このように、前半と後半で規則性がわかれることもよくあるので、アルファベットを並べるときは、13文字ずつ2列にするのがおススメ！

184

09 暗号

これより、「〇△13、〇▽5、□▽2、〇▽13、〇△7、〇△9」を読み取ると、「ＭＩＹＡＧＩ」となり、宮城県は東北地方なので、正答は肢１です。

正答≫1

No.3

出典▶ 裁判所職員一般職（高卒）2024　　難易度▶ ★ ★ ★

ある暗号によると「のぶなが」は
「(4，1) (3，1) (1，2) (4，4) (4，1) (1，1) (3，5) (1，1)」
と表され、「いえやす」は
「(5，5) (1，5) (3，3) (1，1) (2，4) (4，4)」
で表されるという。
　では、この暗号で「(3，4) (1，5) (3，5) (1，1) (5，1) (5，5)」で表される言葉と最も関連性の高い場所は次のうちどれか。

1．郵便局
2．映画館
3．遊園地
4．消防署
5．水族館

解説

暗号は数字２つが１組になっており、「のぶなが」は８組、「いえやす」は６組なので、カナ文字ではなく、次のように、アルファベットで対応しているとわかります。

(4，1)	(3，1)	(1，2)	(4，4)	(4，1)	(1，1)	(3，5)	(1，1)
N	O	B	U	N	A	G	A

(5，5)	(1，5)	(3，3)	(1，1)	(2，4)	(4，4)
I	E	Y	A	S	U

185

ここでは、「A」が3つありますが、いずれも「(1，1)」に、「N」と「U」が2つずつありますが、それぞれ「(4，1)」と「(4，4)」に対応していますので、ある文字を表す**暗号は1通り**に決まると期待できます。

　ここで、本問の暗号は**2つの数字で構成**されており、さらに、その数字は**1～5という限られた範囲**であることに着目します。

「例題2」などのように、アルファベットを横に並べて暗号を入れても、本問の場合は規則性がわからないのね。
何なら、試してみて！

　このような場合は、表1のような、**2つの数字が対応する表**を作成し、該当するところにアルファベットを入れてみます。

　暗号の前の数字を縦に、後の数字を横に取って、「NOBUNAGA」と「IEYASU」を記入すると、表1のようになりますね。

表1

	1	2	3	4	5
1	A	B			E
2				S	
3	O		Y		G
4	N			U	
5					I

　これより、規則性を考えると、**1番上の横列は「ABOOE」**なので、ここに「ABCDE」と並ぶと推測できます。

このまま横に並ぶかと思ったら、縦に来たね。
ということは、この先はどうなるか、考えてみて！

　さらに、**Eから下**に着目すると、**「EOGOI」**なので、ここに「EFGHI」と並ぶと推測できますね。

　また、その後の、「N→O」や「S→O→U」の並びから考えると、表2のように、**らせん状**にアルファベットが並んでいると推測できます。

こういう並び方ね。

09 暗号

表2

	1	2	3	4	5
1	A	B	C	D	E
2	P	Q	R	S	F
3	O	X	Y	T	G
4	N	W	V	U	H
5	M	L	K	J	I

　これ　より、「(3，4)(1，5)(3，5)(1，1)
(5，1)(5，5)」を読み取ると、「ＴＥＧＡＭＩ」
となり、最も関連性の高いのは、肢1の「郵便局」
で、正答は肢1です。

> この5×5のパターンは、過去に何度も出題されている定番！最後の「Ｚ」はないけど、25文字で十分だからね。

正答》1

section

10 操作・手順

重要度 ▶ ★ ☆ ☆
頻出度 ▶ ★ ☆ ☆

ガイダンス

「てんびん問題」や「油分け算」など、決まった解き方がある定番問題と、その場で考えて解くタイプの問題があります。頻出度は低いですが、定番問題のほとんどは解法を覚えれば短時間で解けますので、しっかりマスターしましょう。

① てんびん問題

　同じものがいくつかの中に、**1つだけ重さの異なる偽物**があるとき、上皿てんびんを使って偽物を見つけるための**最少必要回数**を考えます。
　たとえば、いま、見た目が全く同じ金貨が何枚かあり、1枚だけ**他より軽い偽物**が紛れ込んでいるとします。
　金貨が全部で**3枚まで**であれば、図1のような1回の操作で、偽物を見つけることができます。

「重い」でもOK！重いか軽いかわかっていることが必要！

図1

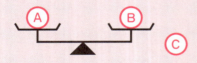

つり合わない場合
A＜B → 偽物はA
A＞B → 偽物はB
つり合った場合
A＝B → 偽物はC

偽物が重いなら、重くなったほうだよ！

　また、4枚以上の場合は、1回の操作では**確実に見つけることはできません**が、**9枚までなら2回**の操作で見つけることができます。
　まず、1回目は、**3枚以下のグループ3つまで**に分けて、2つを上皿てんびんに載せます。
　上皿てんびんに載せるのは、必ず**同じ**枚数のグループで、たとえば、8枚の場合、図2のようにてんびんに載せれば、ここで、偽物が**どのグループの中にあるか**がわかります。

偶然見つかった場合は、考えないこと！

9枚なら、（3, 3, 3）、8枚なら（3, 3, 2）に分ける。6枚なら、（2, 2, 2）でも、（3, 3, 0）でもOK！

図2

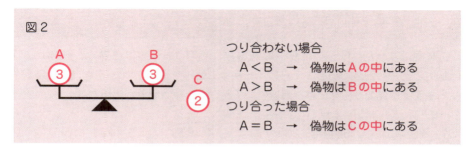

たとえば、偽物がAの3枚の中にあるなら、その3枚を取り出して、もう一度、図1のように操作すれば、2回目で確実にその偽物を見つけることができます。

また、10枚以上の場合は、2回の操作で確実に見つけることはできませんが、27枚までなら、9枚以下のグループ3つまでに分け、1回目の操作で同じように、偽物がどのグループの中にあるかを調べれば、9枚以下に絞ることができますので、あとは前述の2回の操作で見つけることができます。

以下、同じように考えると、全体の枚数Nに対して、最少必要回数は次のような法則になります。

3枚までは1回、3^2枚までは2回、3^3枚までは3回……だから、3^a枚まではa回という法則だね！

例題 1 てんびん問題

出典 ▶ 裁判所職員一般職（高卒）2021　難易度 ▶ ★ ☆ ☆

外見はまったく同じ金貨が100枚あり、そのうち1枚は偽物で、本物より軽いことがわかっている。てんびんを使って偽物を探し出したいが、偶然によらず確実に見つけ出すには、最低何回てんびんを使う必要があるか。

1. 5回　　2. 6回　　3. 7回　　4. 8回　　5. 9回

本問は、法則が使える条件を満たしているので、法則を知っていれば秒殺問題ですが、普段の勉強では、具体的な手順も確認するようにしましょう。本問の解説では、手順の一例を紹介しますが、その他の枚数に分ける方法とかも試してみてください。

解説　　　　　　　　　　　　　　　》1 てんびん問題

1枚だけが他より「軽い」とわかっていますので、最少必要回数の法則（188ページ）に従うと、「100」は、82～243（＝3^5）の範囲にありますから、**5回の操作**で見つけ出すことができます。

例えば、次のような手順です。

1回目

100枚を、50枚ずつ2組に分け、上皿てんびんで比較すると、偽物は、軽かったほうの50枚に含まれているとわかります。

法則に従って、まず、81枚以下に絞り込めばいいので、（50, 50）の2組でも、（40, 40, 20）などの3組でも、どんな方法でもいいからね。

2回目

1回目で軽かったほうの50枚を、さらに、25枚ずつ2組に分け、同様に比較すると、偽物は、軽かったほうの25枚に含まれているとわかります。

ここで、27枚以下に絞るんだね。

3回目

2回目で軽かったほうの25枚を、9枚、9枚、7枚に分け、順にA、B、Cとし、AとBを上皿てんびんで比較すると、次のようにわかります。

(8, 8, 9) でもOK！9枚以下で、左右の皿には同じ枚数になるように載せるんだ。

10 操作・手順

> A ＜ B　⇒　偽物はAの中にある
> A ＞ B　⇒　偽物はBの中にある
> A ＝ B　⇒　偽物はCの中にある

4回目

　3回目で偽物が含まれていた9枚（Cの場合は7枚）を、3枚、3枚、3枚（Cの場合は1枚）に分け、順にD、E、Fとし、DとEを上皿てんびんで比較すると、次のようにわかります。

> D ＜ E　⇒　偽物はDの中にある
> D ＞ E　⇒　偽物はEの中にある
> D ＝ E　⇒　偽物はFの中にある

このFが1枚の場合は、その1枚が偽物とわかって、ここで終りね。

5回目

　4回目で偽物が含まれていた3枚のうち、2枚を上皿てんびんで比較すると、つり合わない場合は軽いほう、つり合った場合は残る1枚が偽物とわかります。

　よって、正答は肢1です。

正答≫1

例題 2 カードの操作

出典 ▶ 警視庁Ⅲ類 2023　難易度 ▶ ★ ★ ★

下図のように、7枚のトランプが重ねられており、一番上にはダイヤのエースがある。上から4〜7枚目の4枚を順序を変えずに1番上に重ねると、1回目はダイヤのエースが上から5枚目になる。この動作をあと99回繰り返したとき、ダイヤのエースの位置として、最も妥当なのはどれか。

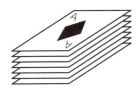

1. 上から1枚目
2. 上から2枚目
3. 上から3枚目
4. 上から4枚目
5. 上から5枚目

カードの入れ替えという動作を100回行った後の状態を考えるわけですね。もちろん、100回なんて、できるわけありませんので、どこかで規則性などが見つかるはずです。それを見つけるために、まずは、地道に操作を続けてみましょう。

解説

1回目の動作で、ダイヤのエースは**上から5枚目**ですから、2回目の動作では、図1のように、**上から2枚目**になります。

図1

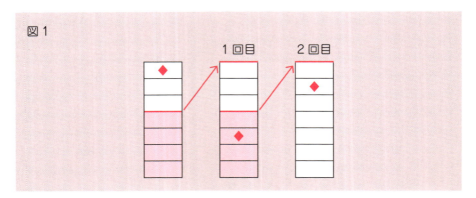

同様に、ダイヤのエースの位置を調べていくと、図2のようになります。

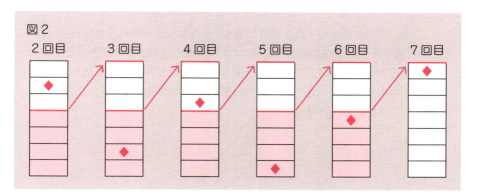

これより、7回目で1番上に戻りましたので、ここからまた、同じことを繰り返すことになりますから、これより7回後の14回目、さらに7回後の21回目、と7の倍数回目で1番上になるとわかります。

そうすると、1回目の動作から99回後、すなわち100回目の動作までには、「100 ÷ 7 = 14 余り 2」より、1〜7回目の動作を14回繰り返し、さらに、あと2回の動作を行ったところなので、2回目の動作のダイヤのエースの位置を確認すると、上から2枚目とわかります。

よって、正答は肢2です。

こういうところで、ケアレスミスのないようにね。

正答》2

No.1

出典 警視庁Ⅲ類 2017　難易度 ★★☆

7L、3Lの容器がそれぞれ1個ずつあり、大きなタンクから水を汲み取って、7Lの容器に5Lの水を残したい。タンクと容器の間、2つの容器の間での水の移し替えをそれぞれ1回と数えるとき、移し替えが最少となる回数として、最も妥当なのはどれか。ただし、2つの容器はいずれも容量分の水の量しか量ることができないものとする。

1. 8回　　2. 9回　　3. 10回　　4. 11回　　5. 12回

解説

本問は、「油分け算」と呼ばれる有名な問題で、移し替えには次のようなルールがあります。

① 容量の大きいほうから小さいほうへと順に移し替える
② 一度あった状態に戻る操作はパスする。

本問では、容量の大きい順に、**タンク→7L容器→3L容器**ですから、この順で移し替えを繰り返します。

まず、タンクから7L容器に水を汲み取ります。次に7L容器から3L容器に水を移し替えます。

この時点で、7L容器には**4Lの水が残っている**ことになります。

次に、3L容器の水をタンクへ戻します。そして、再び、タンクから7L容器へと水を汲み取る順番になりますが、そうすると、(7L容器, 3L容器) = (7L, 0) となり、これは、**1回目の後と同じ状態**になります。

このように、過去に一度あった状態へ戻ると、そこからまた、同じことを繰り返すことになりますので、**この操作はパス**し、ここまでを表1のようにまとめます。

大→中→小→大→中→小→大…と繰り返すんだ。

タンクから汲み取るのも、移し替えるのも、容器いっぱいまで入れるんだよ。

10 操作・手順

表1

操作回数	移し替え	7L容器の水量	3L容器の水量
1回目	タンク → 7L容器	7	0
2回目	7L容器 → 3L容器	4	3
3回目	3L容器 → タンク	4	0
パス	タンク → 7L容器	1回目と同じ状態	

　そして、次は．7L容器に残っている4Lのうち3Lの水を3L容器へ移し替え、この時点で、7L容器には**1Lの水が残っている**ことになります。

　さらに、次は、3L容器の水をタンクへ戻し、その次の、タンクから7L容器へ水を汲み取る操作は、先ほどと同じように、**1回目の後と同じ状態**に戻りますのでパスします。

　さらに、次は、7L容器に残っている1Lの水を3L容器へ移し替え、次は、その3L容器の水をタンクへ戻す操作になりますが、そうすると、**最初の状態**に戻ってしまいますので、**この操作もパス**します（表2）。

表2

操作回数	移し替え	7L容器の水量	3L容器の水量
1回目	タンク → 7L容器	7	0
2回目	7L容器 → 3L容器	4	3
3回目	3L容器 → タンク	4	0
パス	タンク → 7L容器	1回目と同じ状態	
4回目	7L容器 → 3L容器	1	3
5回目	3L容器 → タンク	1	0
パス	タンク → 7L容器	1回目と同じ状態	
6回目	7L容器 → 3L容器	0	1
パス	3L容器 → タンク	最初の状態	

195

次に、タンクから7L容器に水を汲み取り、さらに、7L容器の水を <u>2Lだけ3L容器へ移し替える</u> と、7L容器に5Lの水が残って、目的の状態になります（表3）。

> 3L容器には1Lの水が入っているので、あと2Lしか入らないからね。

表3

操作回数	移し替え	7L容器の水量	3L容器の水量
1回目	タンク → 7L容器	7	0
2回目	7L容器 → 3L容器	4	3
3回目	3L容器 → タンク	4	0
パス	タンク → 7L容器	1回目と同じ状態	
4回目	7L容器 → 3L容器	1	3
5回目	3L容器 → タンク	1	0
パス	タンク → 7L容器	1回目と同じ状態	
6回目	7L容器 → 3L容器	0	1
パス	3L容器 → タンク	最初の状態	
7回目	タンク → 7L容器	7	1
8回目	7L容器 → 3L容器	5	2

表3より、8回の操作で移し替えが終わりましたので、正答は肢1です。

> こうやって表にそれぞれの水の量を記入しながら確認すればいいね。左から2列目は「大→中」とかで十分。本問の「大」は十分な水が入っているタンクだったけど、ここの容量も決まっているとき（例えば、10L容器とか）は、3つの容器全ての水量を確認しながら解いてね。

正答》1

No.2

出典 海上保安大学校等 2023　難易度 ★★★

机の上にA〜Fの6枚のコインがあり、全てのコインは表になっている。ここで、A、B、Cの3枚のうち、任意の0〜3枚を表にする。次に、残りのD、E、Fの3枚について、以下の①、②、③の順番で操作を実行していく。このとき、操作③を実行後のコインについて、確実にいえるのはどれか。

【操作】

① AとBの一方が表で、もう一方が裏であるとき、Dを裏にする。
② CとDの一方が表で、もう一方が裏であるとき、Eを裏にする。
③ BとEの一方が表で、もう一方が裏であるとき、Fを裏にする。

1. AがでCが表であるとき、Fは裏である。
2. Bが裏でCも裏であるとき、Dは裏である。
3. Cが表でEも表であるとき、Dは裏である。
4. A、B、Cのうちいずれか1枚のみが表であるとき、Eは裏である。
5. B、C、Eが全て表であるとき、Aは裏である。

解説

　A、B、Cの3枚のうち、0〜3枚を裏にする方法は全部で **8通り** あります。A、B、Cの表裏が決まれば、操作①〜③より、D、E、Fの表裏も決まりますので、8通り全て調べるという方法もありますが、ここでは、次のように、選択肢のそれぞれについて、**反例を探す**方法で調べてみます。

A〜Cそれぞれ表か裏かの2通りずつだから、2×2×2＝8（通り）

例外が1つでも見つかれば、確実にはいえないので、その肢は消去できるでしょ。

　以下、表を〇、裏を×とします。

肢1　Aが×、Cが〇の場合、操作①より、Bが〇なら、**Dは×**、Bが×なら、**Dは〇**ですね（表1）。

表1

	A	B	C	D	E	F
(1)	×	○	○	×		
(2)	×	×	○	○		

　そうすると、操作②より、（1）の場合、Eは×、（2）の場合、Eは○になり、いずれの場合も、操作③より、Fは×になります（表2）。

表2

	A	B	C	D	E	F
(1)	×	○	○	×	×	×
(2)	×	×	○	○	○	×

　よって、肢1は確実にいえます。

肢2　B、Cとも×の場合、Aも×であれば、操作①より、Dは○のままですので、確実にはいえません。

肢3　表2の（2）の場合、C、Eとも○ですが、Dは×ではありませんので、確実にはいえません。

肢4　同様に、（2）の場合、A、B、CのうちCだけが○ですが、Eは×ではありませんので、確実にはいえません。

肢5　B、Cが○で、Eも○になる場合は、操作②より、Dも○になります。そうすると、操作①より、Bが○で、Dも○になるのは、Aが○のときだけですから、この場合、Aが×になることはありません（表3）。

表3

A	B	C	D	E	F
○	○	○	○	○	

　以上より、正答は肢1です。

10 操作・手順

　ちなみに、冒頭で触れたように、8通り全て調べたとすると、次のようになります。

A	B	C	D	E	F
○	○	○	○	○	○
○	○	×	○	×	×
○	×	○	×	×	○
○	×	×	×	○	×
×	○	○	×	×	×
×	○	×	×	○	○
×	×	○	○	○	×
×	×	×	○	×	○

正答≫ 1

section 11 パズル問題

重要度 ▶ ★★★
頻出度 ▶ ★★★

> **ガイダンス**
>
> ここから、「空間把握」といわれる図形分野に入ります。多くの問題は、知識やテクニックで対応できますので、まずは、解法パターンを覚えましょう。

例題 1 折り紙

出典 警視庁Ⅲ類 2022　難易度 ▶ ★☆☆

　正方形の折り紙Aを、図のように点線で順に谷折りしてBを作る。次に、Bの黒色の部分をハサミで切り落とし、折り紙を元のように広げたときの折り紙Aとして、最も妥当なのはどれか。ただし、1〜5の図の黒色の部分は切り落とされていることを表している。

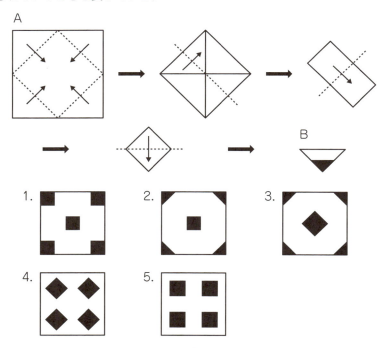

紙を折って切断などを行って、広げたときの形状などを問う問題です。しっかり描いてみなくても、特徴を捉えて選択肢を切っていけば、割と短時間で解ける問題が多いです。

解説

まず、折り紙Aを折って最後にできた三角形Bが、折り紙Aの**どの部分に当たるか**を調べると、図1の色の付いた部分とわかります。

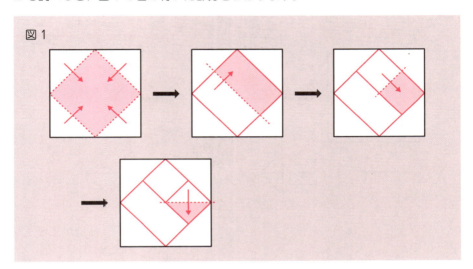

これより、選択肢の**Bに当たる部分**を確認すると、合致するのは肢5となります。

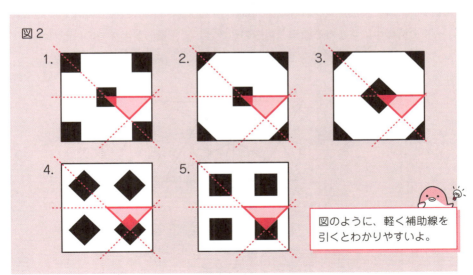

図のように、軽く補助線を引くとわかりやすいよ。

ちなみに、最後の三角形Bから順に開いて、最初の折り紙Aの形状を描くと、図3のように確認できます。

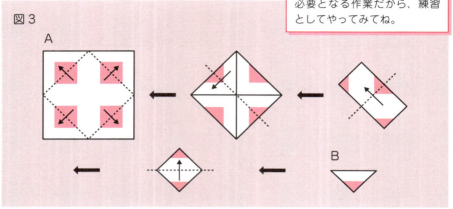

正答》5

例題2 図形の個数

出典》東京消防庁Ⅲ類 2023　難易度▶★★★★

下の図の中に含まれる直角三角形の個数として、最も妥当なものはどれか。

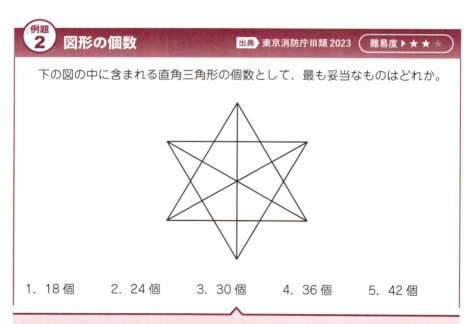

1. 18個　2. 24個　3. 30個　4. 36個　5. 42個

図形の個数を数える問題は、単に数えるだけなのですが、漏れや重複が発生しやすく、意外と正答率はあまりよくありません。基準を決めて丁寧に数えていきましょう。

解説

　数えるのは直角三角形ですから、図形の中で直角の部分に着目すると、図1の○の6か所に集まることがわかります。

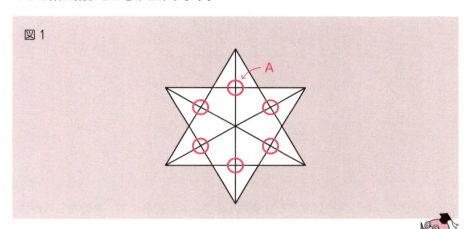

図1

　この6か所は、いずれも同じ形状ですから、どこか1か所を調べれば、他も同様と考えられますので、図1のAの部分に集まる直角三角形の個数を数えます。

> 一応、重複していたりしないか、確認しながら数えてね。

　まず、1番小さい直角三角形は、図2の色の付いた2個で、6か所全てに同じように2個ずつあることが確認できますね。

　次に、2番目に小さい直角三角形は、図3の色の付いた2個で、こちらも、6か所全てに2個ずつあるとわかります。

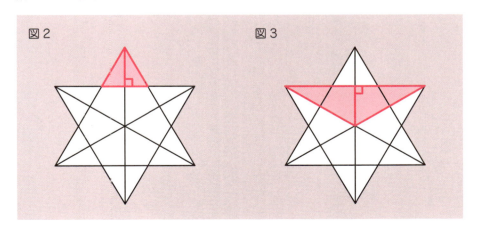

図2　　　　　図3

最後に、**1 番大きい直角三角形**は、図 4 の 2 個で、こちらも、6 か所全てに **2 個ずつ**あります。

図 4

　これ以外の直角三角形は見当たりませんので、A の部分にできる直角三角形は、**2 + 2 + 2 = 6（個）**となり、同じものが 6 か所全てに重複なくありますので、**6 × 6 = 36（個）**とわかり、正答は肢 4 です。

正答》4

例題 3 パズル

出典 東京都Ⅲ類 2024　難易度 ▶ ★★☆

　大きさと形が同じ平行四辺形を組み合わせたア～オの紙片のうち 4 枚をすき間なく、かつ、重なり合うことなく並べて、図Ⅰに示す平行四辺形の着色部分をはみ出すことなく全て埋めるとき、使用しない紙片として、妥当なのはどれか。ただし、いずれの紙片も裏返さないものとする。

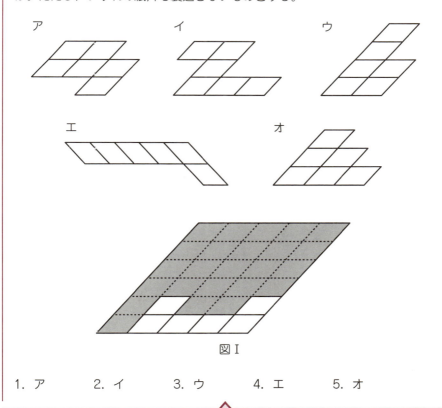

図Ⅰ

1. ア　　2. イ　　3. ウ　　4. エ　　5. オ

典型的なパズル問題で、頻出パターンです。まずは、大きい紙片など、入るところが限られている紙片から入れ、すき間ができないよう紙片を選んでいきましょう。

解説

本問の図形は平行四辺形ですから、内角は、**鋭角（90度未満の角）と鈍角（90度より大きい角）の2種類があり**ますので、角度にも注意しながら、与えられた図Ⅰを紙片ア～オで埋めてみます。

> 多くの問題は、正方形や長方形だから、角度はどれも90度で気にしなくていいんだけどね。
> でも、このように2種類の角度があるのは、図形を選ぶうえでプラス材料かもね。

まず、図1の★部分に着目すると、この部分を**すき間なく埋める**ことができるのは、**紙片エのみ**ですので、これを図2のように入れます。

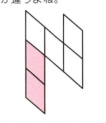

> イも回転させると入れられそうだけど、角度が違うよね。

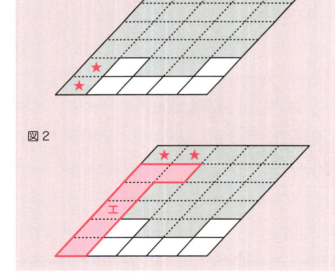

そうすると、次は、図2の★の部分を埋めることができる紙片を探すと、**紙片イ**のみで、これを図3のように入れると、残る右上の部分を埋められるのは**紙片ウ**、真ん中の部分は**紙片ア**に決まり、図4のようになります。

図3

図4

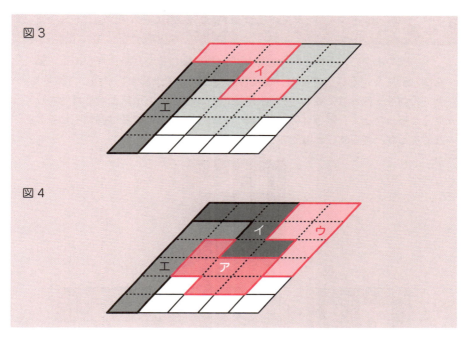

よって、使用しない紙片はオで、正答は肢5です。

正答》5

例題 4 重ね合わせ

出典 ▶ 東京都氷河期世代Ⅲ類 2022　難易度 ▶ ★ ★ ★

　下の図のように、着色された方眼紙の一部を切り抜いた紙片Aがある。紙片Aに、紙片Aと同じ大きさの、着色された方眼紙の一部を切り抜いた紙片を、全ての角を一致させて重ね合わせ、上から見たとき、方眼紙が全て着色されて見える紙片として、妥当なのはどれか。ただし、全ての紙片は回転させることができるが、裏返すことはできない。

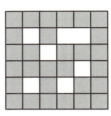

紙片A

1.

2.

3.
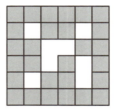

4.
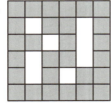

5.
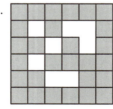

1. ア　　2. イ　　3. ウ　　4. エ　　5. オ

図形同士を重ねて見え方を考える問題で、四隅や中央など、回転しても場所がわかりやすいところに着目するのがポイントです。

解説

紙片の切り抜いた部分を白、切り抜かれていない部分を黒と呼ぶことにします。

紙片Aに重ねることで、紙片Aの白の部分（図1のア～キ）を全て黒の部分で覆うことができる紙片を選ぶわけですね。

紙片の大きさは6×6ですが、外枠は全て黒ですから、内側の4×4の部分について、わかりやすい特徴を捉えていきます。

図1

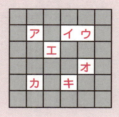

まず、この4×4の四隅の部分に着目すると、図1の、ア、ウ、カの3つの白の部分には、黒の部分を重ねる必要があり、この部分に重なるのは、同じ四隅のどこかの部分なので、4か所のうち少なくとも3か所が黒でなくてはいけません。

これより、選択肢の各紙片の該当する部分を調べると、図2の○を付けた部分でわかるように、肢2以外は、黒の部分が2か所以下で、これらを重ねても全て黒にすることはできません。

ア、ウ、カに重なるのは、このうちのどれかだよね。

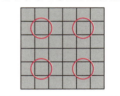

209

図2

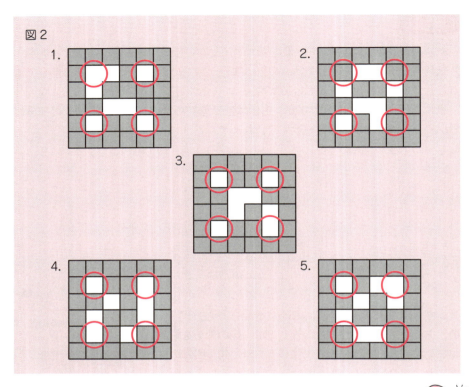

よって、消去法で肢2が正答です。
　ちなみに、肢2は反時計回りに90度回転させて、図3のように重ねると、ア〜キの部分が全て黒になって、条件を満たします。

> 肢2の四隅に1つだけある白を、紙片Aに1つだけある黒に重ねるように回転させればいいわけね。

図3

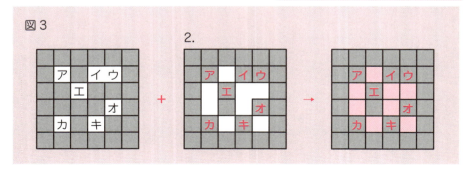

正答》2

No.1

出典 国家一般職（高卒）2024　難易度 ▶ ★ ★ ★

　図のように，正方形の色紙（裏面は白色）を破線で3回谷折りし，③の網掛けの部分を切り取って除いた。残った部分を広げたときの形として最も妥当なのはどれか。

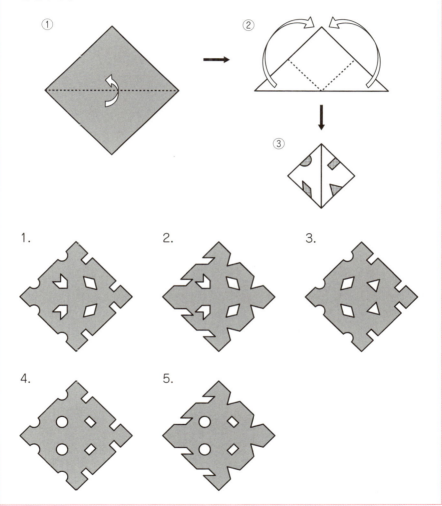

> 解説

「例題1」と同様に、最後にできた③の図形が、最初の①のどの部分に当たるかを調べます（図1）。

図1

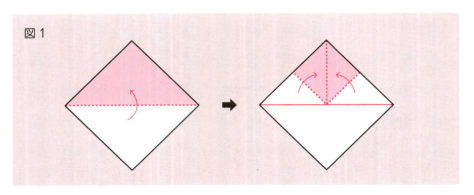

これより、選択肢の③に当たる部分を確認すると、合致するのは肢1となります。

図2

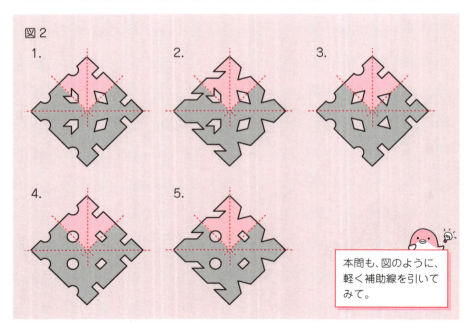

本問も、図のように、軽く補助線を引いてみて。

ちなみに、③から順に開いて、①の形状を描くと、図3のように確認できます。

本問はちょっと難しいね。でも、いい練習材料になると思うよ。

図3

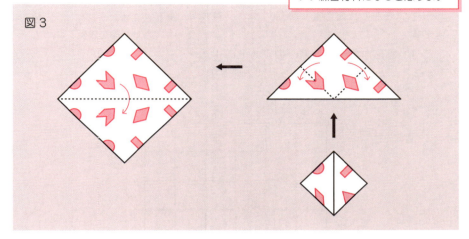

正答》1

No.2

出典 特別区経験者 2022　難易度 ★★★

次の図は、同じ大きさの正方形を 30 個組み合わせた図形である。この図の中にある、★を1つだけ含む正方形の数はどれか。ただし、大きさの異なる正方形も全て数えるものとする。

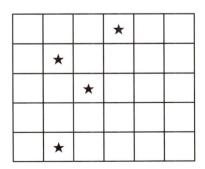

1. 15　　2. 16　　3. 17　　4. 18　　5. 19

> **解説**

　図1のように、4つの★をA～Dとして、このうちの1つを含む正方形を<u>小さいほうから</u>数えていきます。

A1つを含む正方形だけ一気に数えるとかでもOK！ 数えやすい基準を決めてね。

　ここで、図形を構成する最小の正方形の1辺を1とすると、まず、**1×1の正方形**は、図1の**4個**になりますね。

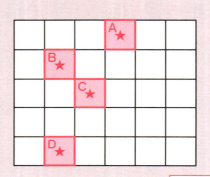

図1

　次に、**2×2の正方形**について、まず、A1つを含むのは、図2の**2個**ですね。

Aが右上にあるほうと、左上にあるほうね。

　同様に、B1つを含むのは、図3の**3個**です。

こっちは、Bが右下、左下、右下にある3個だ。

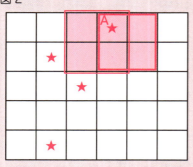

図2

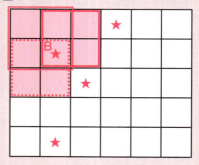

図3

　同様に、C1つを含むのは図4の**3個**、D1つを含むのは図5の**2個**です。

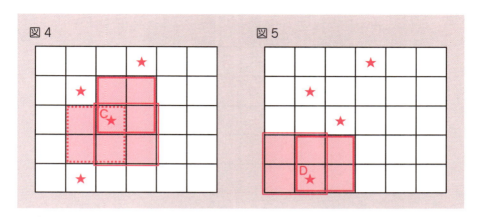

これより、2×2の正方形の個数は、**2＋3＋3＋2＝10**となります。

次に、**3×3の正方形**ですが、まず、A1つを含むのは図6の**1個**で、C1つを含むのは図7の**2個**がありますが、BとDについては、これらの1つだけを含むこの大きさの正方形はありません。

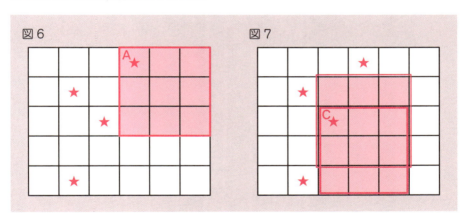

これより、3×3の正方形の個数は、**1＋2＝3**となります。

次に、**4×4の正方形**を探すと、図8の**1個**がありますが、**5×5の正方形**で条件を満たすものはありませんね。

図8

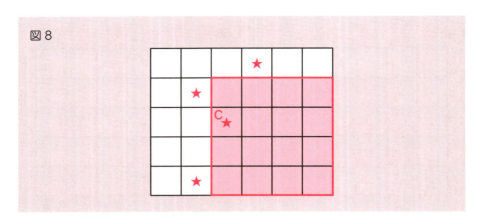

以上より、★1つだけを含む正方形の個数は、4 + 10 + 3 + 1 = 18 で、正答は肢4です。

正答≫4

No.3

出典 東京都氷河期世代Ⅲ類 2023　難易度 ▶ ★ ☆ ☆

下の図のように、正方形の折り紙を破線で切ってできた四つの紙片を、裏返すことなく、移動、回転させて組み合わせた図形として、妥当なのはどれか。

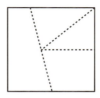

1.
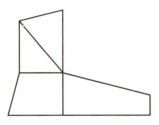

2.

3.
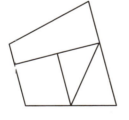

4.

5.
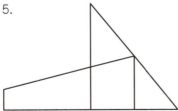

解説

図1のように、4つの紙片をA～Dとします。

図1

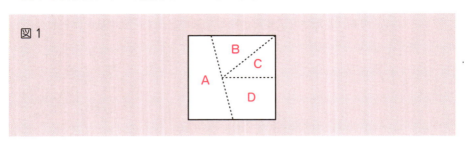

本問は、裏返してはいけないというルールですが、肢1と2のAに該当する紙片は、回転させても図2のような向きになり、もとの紙片Aを裏返しにしないと、このようにはなりません。

よって、肢1、2は消去できます。

図2

同様に、肢3と4のDに該当する紙片も、それぞれ、図3のような向きになり、こちらも裏返しにしないと、このようにはなりませんので、消去できます。

> 紙片Bだけは、二等辺三角形のような形で、裏返してもわからないけど、他の紙片は裏返しにした図がわかりやすいので、そこに着目するといいね。

図3

残る肢5は、図4のように、裏返すことなく組み合わせた図になります。

図4

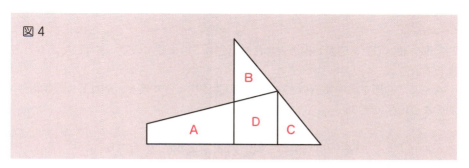

よって、正答は肢5です。

正答》5

No.4　出典▶東京消防庁Ⅲ類 2023　難易度▶★★★

A～Eの5枚の図形から、4枚を選んで隙間なく敷き並べると、長方形を作ることが可能である。このとき、使用しない図形として、最も妥当なものはどれか。ただし、図形は裏返したり、重ね合わせたりしないものとする。

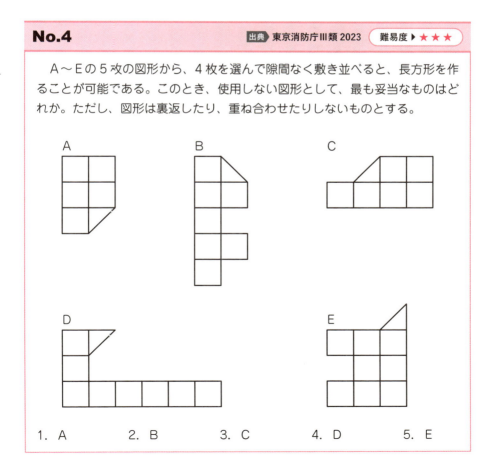

1. A　　2. B　　3. C　　4. D　　5. E

解説

図形を並べてできる長方形の大きさが示されていませんので、まず、そこから考えます。

A～Eの図形を構成する小さい正方形の面積を1とすると、それぞれの面積は、次のようになります。

A = 5.5　　B = 7.5　　C = 6.5　　D = 8.5　　E = 8.5

これより、A～Eの面積を合計すると 36.5 となります。

使わない図形は1枚で、その面積は最小でAの5.5、最大でD、Eの8.5ですから、長方形の面積は、最大で 36.5 − 5.5 = 31、最小で 36.5 − 8.5 = 28 となり、28～31の範囲とわかります。

さらに、DまたはEのいずれかは使用するわけですから、長方形の各辺の長さは、3以上が必要となり、そのような2つの整数の積が28～31になるのは、以下の3通りです。

「1×28」とか、「2×15」とかの長方形だと、DやEが入らないからね。

4 × 7 = 28 … (1)　　3 × 10 = 30 … (2)　　5 × 6 = 30 … (3)

これより、それぞれの長方形を作ることができるか確認します。

(1) 4 × 7 = 28 の長方形を作る場合

36.5 − 28 = 8.5 より、使用しないのはDまたはEなので、A、B、Cは必ず使用します。その中で、最も入る場所が限られるのはBですから、Bの場所を考えると、図1の6通りとなります。

AやCと比べると、長いし、大きいし、形も変だしね。

もう1段上だと、下の図アの★部分にすき間ができるよね。あと、図イのような場所でもいいけど、回転すると①と同じになるからね。

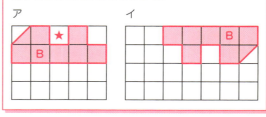

11 パズル問題

図1

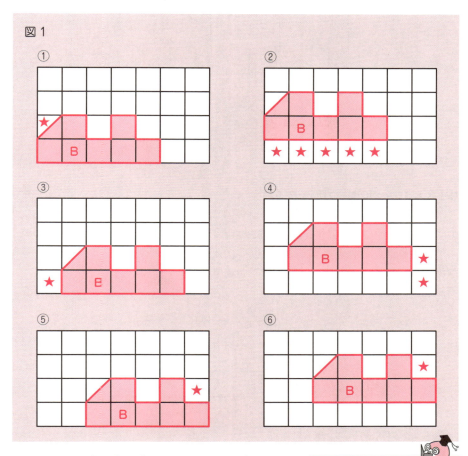

　この場合、①～④と⑥については、いずれも図1の★部分を埋める図形がなく、成立しません。

　また、⑤については、図1の★部分を埋められるのはEのみですから、図2のように入れると、その左隣を埋められるのはAのみなので、図2のように入れます。

　しかし、残る部分にCを入れることはできず、この場合も成立しません。

④と⑥の1番下の列はDで埋められるんだけどね。

図2

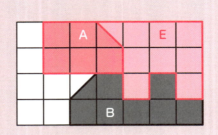

(2) 3 × 10 = 30 の長方形を作る場合

36.5 − 30 = 6.5 より、**使用しないのはC**なので、A、B、D、Eで作ることになります。

そうすると、Eを入れる方法は、図3のような場合しかなく、**★部分にすき間**ができますので、成立しません。

(1) が消えた時点で、長方形の面積が30に決まるから、使用しないのはいずれにしてもCに決まりで、正答は肢3だね。本番ではここでやめること。

図3

(3) 5 × 6 = 30 の長方形を作る場合

同様に、**使用しない図形はC**ですから、A、B、D、Eで作ることになります。

まず、**Dが入る部分**は、図4の位置に決まりますので、**その左上の部分を埋めるのはAに決まります**ね（図5）。

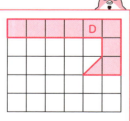

もう1段または2段上だと、その下の部分を埋められないからね。もちろん、右のような図でもいいけど、回転すると図4と同じだからね。

11 パズル問題

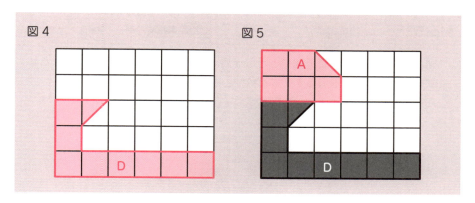

残る部分をBとEで埋めることを考えると、**右上の部分にBは入りません**ので、ここにはEを、残る部分にBを入れて、図6のように完成します。

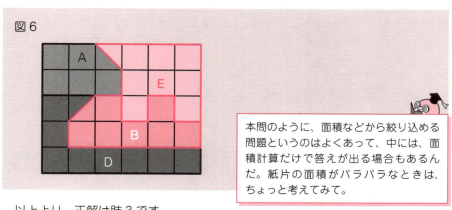

本問のように、面積などから絞り込める問題というのはよくあって、中には、面積計算だけで答えが出る場合もあるんだ。紙片の面積がバラバラなときは、ちょっと考えてみて。

以上より、正解は肢3です。

正答》3

No.5

出典 刑務官 2024　難易度 ★★☆

　図は、正方形を二つに分けたときの一方の図形である。もう一方の図形として最も妥当なのは、次のうちではどれか。
　ただし、図形は裏返さないものとする。

1.
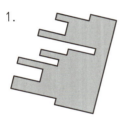

2.
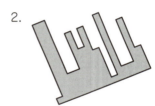

3.
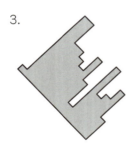

4.
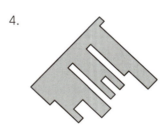

5.

解説

図1のように，2つに分ける前の正方形の頂点をA～Dとし、図のように3か所をア～ウとします。

図1

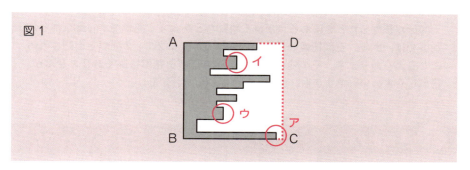

求めるのは、頂点C、Dを含むほうの図形ですので、これを手掛かりに特徴的なところを見ながら、選択肢を確認すると、図2のように、**肢1については、図1のアの部分、肢2、3はイの部分、肢4はウの部分**がそれぞれ合致しないとわかります。

> ア～ウは一例だからね。他にも合致しないところがあれば、見つけ次第、消去してOK！

図2

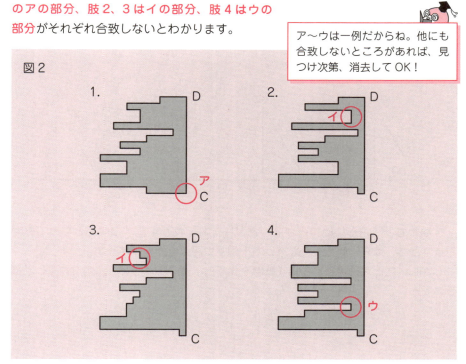

残る肢5については、図1の白い部分と合致し、正答は肢5です。

正答》5

section 12 移動と軌跡

重要度 ▶ ★★★
頻出度 ▶ ★★★

> **ガイダンス**
>
> 　図形が移動したときにある点が描く軌跡などを考える問題です。東京都と特別区では、例年、空間把握の最後の問題はこのタイプで、2問以上出題されることもよくあります。その他の試験ではそれほど出題率は高くありませんが、得点しやすい分野ですから、ポイントはつかんでおきましょう。

1 多角形の回転

　たとえば、図1のような直角三角形が、図2のように、直線ℓ上を滑らずに1回転するとき、最初は頂点Cを中心とし、次いでA、Bを中心として順に転がって1回転し、もとの向きに戻ります。

　このとき、直角三角形の内部の**点P**は、図2の①〜③のような **3個の円弧**を描きます。

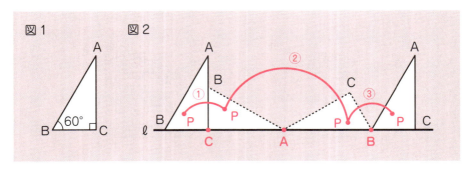

　すなわち、三角形には**頂点が3つ**あり、それぞれが1回ずつ中心となって転がりますから、点Pはそれぞれに対して1個ずつ円弧を描くわけです。

　しかし、たとえば**頂点B**が描く軌跡を見ると、図3のように、**2個の円弧**しか描きません。

図3

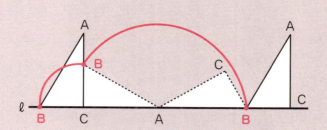

　これは、頂点B自身が中心となって転がるときには、Bは動きませんので、B以外の頂点が中心となって転がるときしか円弧を描かないためです。

> 自分が中心のときは、「1回休み」ってことね！

　ここまでで、N角形が直線上を1回転するときの、ある点が描く円弧の数は、次のようにわかります。

> N角形の頂点以外の点の軌跡　→　N個の円弧を描く
> N角形の頂点の軌跡　→　（N－1）個の円弧を描く

　また、点Pの描いたそれぞれの円弧の大きさについて見ると、図4のように、①の半径はCPの長さで、中心角の大きさは90°とわかります。

> 図の○の角度が同じだから、円弧の中心角と回転角が同じになるんだよ！

　すなわち、点Pから回転の中心となる点までの長さが半径で、図形が回転した角度（回転角）の大きさが中心角となります。

図4

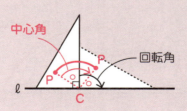

　回転角は、図4からわかるように、中心となる頂点の外角の大きさになりますので、それぞれの円弧の大きさは、三角形ABCの形状から次のようにわかります。

> 実際に円弧を描かなくても、判断できるでしょ！？

図5

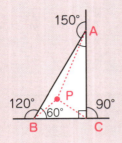

① 半径CP、中心角90°
② 半径AP、中心角150°
③ 半径BP、中心角120°

2 円の回転

円が、直線上を滑ることなく回転するとき、円の中心Oは、図1のように**直線の軌跡**を描きます。

図1

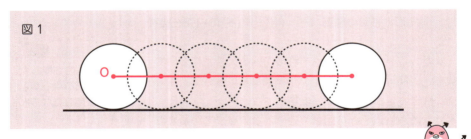

また、円周上の点Pは、図2のような曲線を描きます。

「サイクロイド曲線」っていうんだよ！ 覚えなくていいけどね。

図2

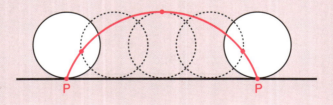

また、小円と大円の半径の比が **1：2** のとき、小円の円周上の点Pは、図3のように、大円の円周を **2等分する点** に接し、点Pは図3のような <u>直線</u> を描きます。

ちょっと意外かもしれないけど、割と有名なので、覚えといて。

同様に、半径の比が **1：3** のとき、図4のように、大円の円周を3等分する点に接し、点Pは図4のような曲線を描きます。

また、半径の比が「**1：4**」「**1：5**」…となった場合も、同様に、大円の円周を **4等分、5等分**…とする点と接し、同様の曲線を描きます。この曲線もサイクロイド曲線になります。

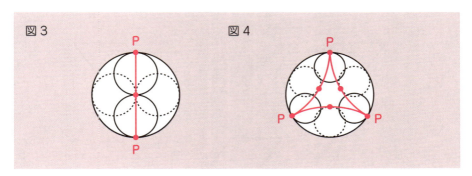

図3　図4

例題 1 多角形の回転

出典 ▶ 特別区Ⅲ類 2023　難易度 ▶ ★★☆

次の図は、平行四辺形が直線上を滑ることなく右に1回転するときに、その平行四辺形上の点Pが描く軌跡であるが、この軌跡を描くものはどれか。

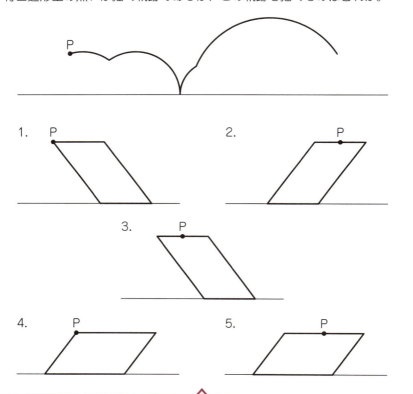

多角形が移動したときの、ある点が描く円弧の数や半径、回転角についての基本知識を確認する問題です。まず、与えられた軌跡をおうぎ形に分割してみましょう。

解説

>> 1 多角形の回転

図形が1回転する間に描いた**円弧は4つ**ですから、四角形の場合、頂点以外の点であるとわかります。

これより、**点Pが頂点になっている肢1と4**は消去できます。

ここで、図1のように、4つの円弧を①〜④とし、それぞれの**中心**を取って、A〜Dとします。さらに、中心と円弧の両端を結んで、中心角の大きさを確認すると、**AとCは割と小さく、BとDは割と大きい角度**であるとわかります。

円弧の数、それぞれの円弧の半径と中心角についての基本知識は、226ページ「1. 多角形の回転」で確認してね。

中心の位置は、「この辺かな〜」という感じで探してみて。

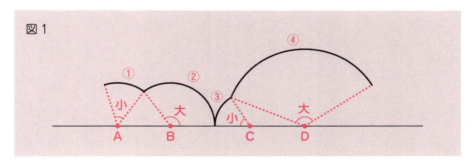

これより、中心角の大きさやその順番が合致しているかを確認すると、肢3については、回転の中心は、図2のA〜Dですが、**AとCの外角（＝円弧の中心角）が割と大きく、BとDが割と小さい角度**であるため、図1と合致しません。

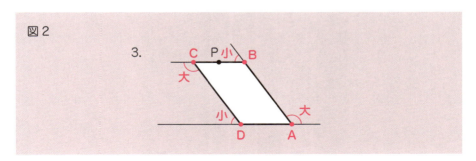

残る肢2と5は、中心角の大きさについては合致していますので、図3のように、**回転の中心A〜DからPまでの距離（＝円弧の半径）**について確認すると、肢2については、①の半径が②よりかなり長く、図1と合致しません。

残る肢5については、半径についても合致しているのが確認できます。

図3

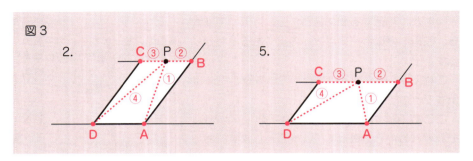

よって、正答は肢5です。

正答》5

例題 2 円の回転

出典 特別区経験者 2024　難易度 ★☆☆

次の図のように、大円の半径を直径とする円Ａと大円の直径の $\frac{1}{3}$ を直径とする円Ｂがあり、円Ａと大円の中心と接する点をＯ、円Ａと大円が内接する点をＰ、円Ｂと大円が内接する点をＱとする。今、円Ａと円Ｂが大円の内側を円周に沿って滑ることなく矢印の方向に回転したとき、元の位置に戻るまでに点Ｏ、点Ｐ及び点Ｑが描く軌跡はどれか。

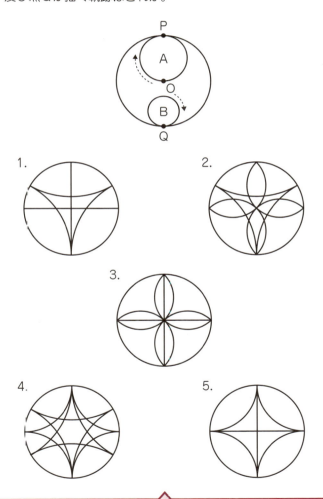

円の回転の基本問題で、基本知識があれば秒殺で解けます。

> **解説**   》**2円の回転**

まず、**大円と円Aの半径の比は2：1**ですから、円Aが回転したとき、円周上の点P、Oはいずれも図1のような直線を描きます。

229ページの図3で確認したね。

図1

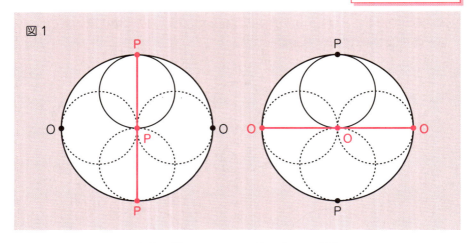

よって、このような直線を描いていない、肢2と4は消去できます。

また、**大円と円Bの半径の比は3：1**ですから、円Bが回転したとき、点Qは図2のような曲線を描きます。

図2

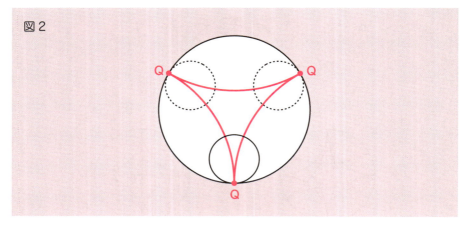

よって、このような曲線を描いていない、肢3と5は消去でき、正答は肢1です。

正答》1

No.1

出典 東京都Ⅲ類 2024　難易度 ▶ ★★☆

　下の図のような星形の図形が、直線と接しながら、かつ、直線に接している部分が滑ることなく矢印の方向に1回転したとき、この図形上の点Pが描く軌跡として、妥当なのはどれか。

1.

2.

3.

4.

5.

解説

回転するのは星型ですが、図1の色の付いた部分は、直線に接することはありませんので、実際には、図1の正五角形ＡＢＣＤＥが回転するのと同じになります。

こういう凹部分は、直線で埋めてしまおう！

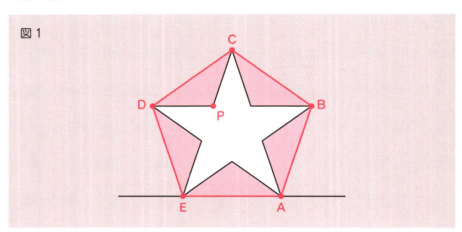

図1

そうすると、点Ｐは正五角形の頂点ではありませんので、正五角形が1回転する間に5つの円弧を描きます。

また、正五角形の5つの内角は全て同じ大きさですから、外角（＝回転角）も全て同じで、Ｐは同じ中心角の円弧を描くとわかります。

さらに、それぞれの円弧の半径については、回転の中心がＡ→Ｂ→Ｃ→Ｄ→Ｅの順ですから、図2の①→②→③→④→⑤の順の長さで現れることになります。

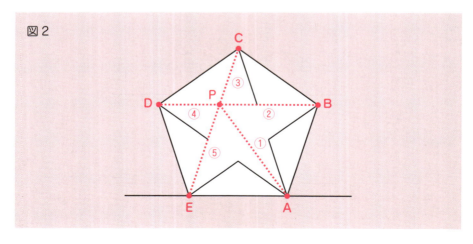

図2

図2より、②と⑤、③と④が同じ長さなので、図3のように、これと合致する軌跡を描く肢2が正答となります。

図3

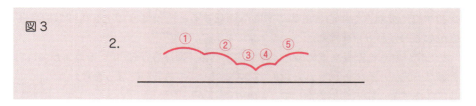

正答》2

No.2

出典▶入国警備官等 2023　難易度▶★★★

図のように、正五角形の辺上を矢印の方向に、滑らず回転する正六角形がある。いま、図の位置から正六角形が2周して元の位置に戻ったとき、頂点Xは図の㋐〜㋔のどの位置にあるか。

1. ㋐　　2. ㋑　　3. ㋒　　4. ㋓　　5. ㋔

解説

図1のように、正六角形のX以外の頂点をA〜Eとします。

初めに、頂点Aを中心に矢印の方向へ回転すると、頂点Bが正五角形の頂点B´に重なるのがわかりますね。

そして、さらに回転を進めると、図2のように、頂点CがC´に、頂点XがX´に、と重なって、頂点Aが再び正五角形に接するのはA₁の位置になります。

ここまでで、正五角形において、初めの頂点Aの位置からA₁までの長さは6で、これは、正六角形の周の長さと同じです。

> 図2の色の付いた部分だよ。

すなわち、図2の色の付いた部分と、正六角形の1周分が重なって、頂点Aが再び正五角形に接したわけですね。

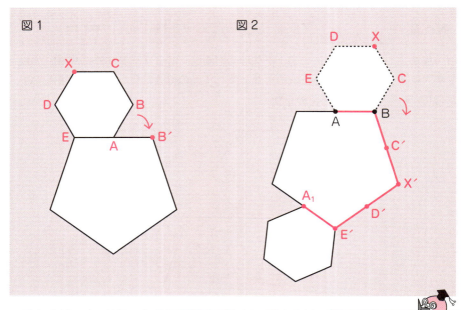

これより、A₁から、さらに6進むごとに、頂点Aは正五角形に接することになりますので、図3のように、A₁→A₂→A₃と接して、正六角形は図の位置に来ます。

そうすると、2周してもとの位置に戻るのは、図4のように、あと2回、転がったところで、このとき、頂点Xは、問題の図のイの位置にあることがわかります。

> 重なっていく部分の長さが同じになると考えて、点の位置を追っていけばいいね。
> こういう問題はよくあるので、重なる部分に着目して!

図3

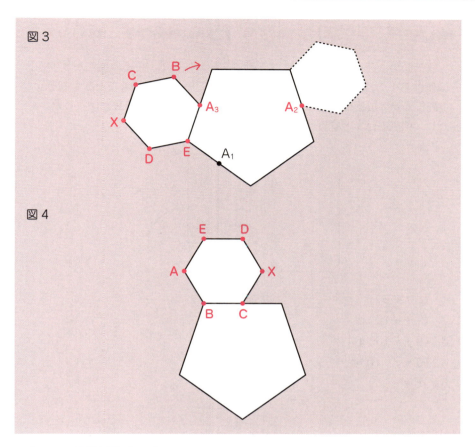

図4

よって、正答は肢2です。

正答≫ 2

No.3

出典 特別区経験者 2022　難易度 ★★☆

　次の図のように、1辺の長さが4の正方形の外側に、長辺の長さが3、短辺の長さが1の長方形がある。今、長方形が矢印の方向に滑ることなく回転し、1周して元の位置に戻るとき、長方形の頂点Pが描く軌跡の長さはどれか。ただし、円周率はπとする。

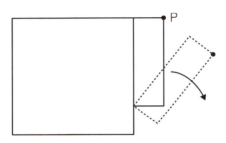

1. $(8+\sqrt{3})\pi$
2. $(7+\sqrt{10})\pi$
3. $(8+\sqrt{10})\pi$
4. $(8+2\sqrt{10})\pi$
5. 15π

解説

　長方形のP以外の頂点を、図1のように、A〜Cとすると、初めに、頂点Bを中心に図のように回転し、頂点Pは①のような円弧を描きます。
　この円弧の**半径はBP、中心角は、回転角と同じ90°**ですね。

図1

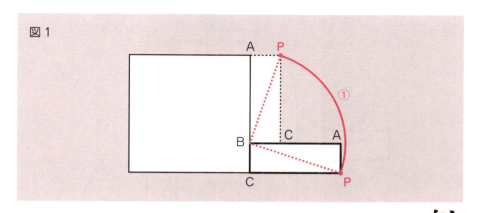

次に、頂点Cを中心に回転し、さらに、頂点P、頂点Aを中心として回転すると、頂点Pは、図2のように、それぞれ円弧を描きます。

> Pが中心のときは描かないけどね。

図2

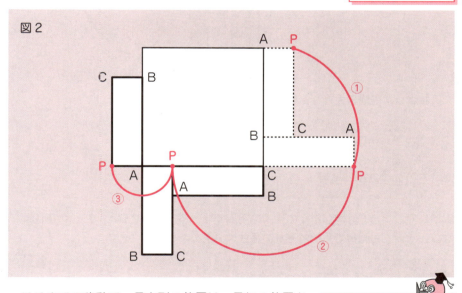

ここまでの移動で、長方形の位置は、最初の位置から **180°対称な状態** になっていますので、この後も、図3のように、①〜③と同様の円弧を描いてもとの位置に戻ることがわかります。

> ここに気づけば、後半の作業は省略できるね。まあ、続けて描いてもいいけどね。

図3

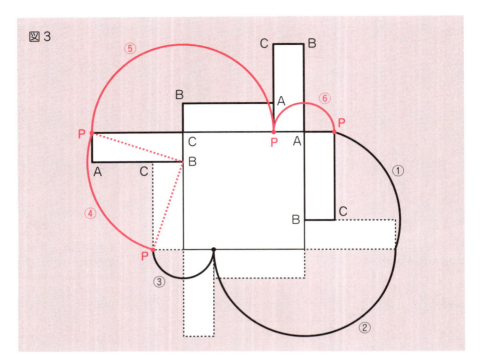

これより、円弧の大きさを確認すると、次のようになります。

① , ④　半径 = BP = $\sqrt{3^2 + 1^2} = \sqrt{10}$　中心角 = 90°
② , ⑤　半径 = CP = 3　中心角 = 180°
③ , ⑥　半径 = AP = 1　中心角 = 180°

ここで、②と⑤は同じ半径の**半円**の円周ですから、合わせると**1つの円**の円周になり、③と⑥も同様で、それぞれの長さは、次のようになります。

② + ⑤　半径3の円周 = 6π
③ + ⑥　半径1の円周 = 2π

> 半径 r の円の円周と弧の長さの公式だよ。
> 円周 = $2\pi r$
> 弧の長さ = $2\pi r \times \dfrac{\text{中心角}}{360°}$

また、①と④も同じ半径で、合わせると**中心角は180°**ですから、次のような長さになります。

①+④ 半径 $\sqrt{10}$、中心角180°の弧の長さ $= 2\sqrt{10}\pi \times \dfrac{180°}{360°} = \sqrt{10}\pi$

以上より、①〜⑥の合計は、次のようになります。

$6\pi + 2\pi + \sqrt{10}\pi = (8 + \sqrt{10})\pi$

よって、正答は肢3です。

正答 》3

No.4

出典 東京都Ⅲ類 2023　難易度 ▶ ★★★

下の図のように、半分が着色された半径 r の円Aが、点Pで半径 $2r$ の円Bに内接するとともに半径 $4r$ の円Cに外接している。このとき、円Aは円Bの内周に沿って、円Bは円Cの外周に沿って、それぞれ滑ることなく、円周上において同じ速さで、同時に矢印の方向に転がり始めた。円Bが円Cの外周上を $\dfrac{1}{4}$ 周し、アの位置に達したとき、円Aの状態を描いたものとして、妥当なのはどれか。ただし、円Cは動かないものとする。

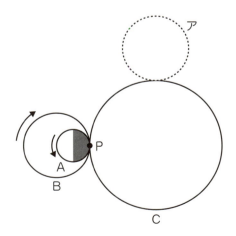

1. 　2. 　3. 　4. 　5.

> **解説**

まず、円Bと円Cの半径の比は、$2r:4r=1:2$ ですから、**円周の比も1：2**になります。

そうすると、円Cの円周の $\frac{1}{4}$ の長さは、**円Bの円周の $\frac{1}{2}$** に当たりますので、図1のそれぞれの**色の付いた部分の長さが等しく**、この部分を重ねるように、円Bはアの位置まで転がったことになります。

すなわち、円Bがアの位置に達したとき、図1のように、円Bの周上の**点Qで円Cに接している**ことがわかりますね。

> Qは、Pから180°反対側の点だよ。

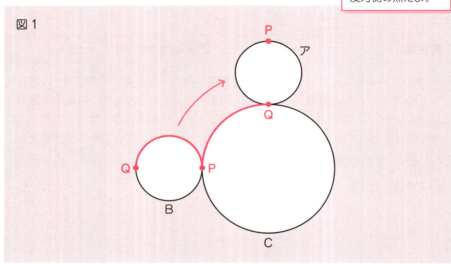

図1

では、このときの円Aの状態を調べます。

円Aと円Bは、「円周上において同じ速さ」で転がっていますので、**同じ時間で円周上の同じ長さを移動した**と考えていいでしょう。

すなわち、円Bが円Cの円周の $\frac{1}{4}$（＝円Bの $\frac{1}{2}$）の長さを転がる間に、円Aは円Bの円周上に沿って、円Bのどこまで転がったかを考えるわけですね。

そうすると、円Aと円Bの半径の比も、1：2ですから、円Bの円周の $\frac{1}{2}$ の長さは**円Aの1周分の長さに等しい**ので、図2のそれぞれの**色の付いた部分の長さが等しく**、この部分を重ねるように、**円AはQで接するまで**転がって、図3のような形状になります。

> 円Aは、1周してQと接しているので、P側にあった着色部分もQ側に来たわけだ。

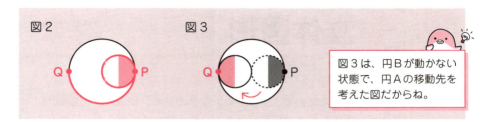

　これより、円Bがアの位置に達したとき、円Aは、円Bと点Qに接しており、着色部分もQ側になりますので、図4のような形状になるとわかります。

　よって、正答は肢5です。

正答》5

section

13 立体図形

重要度 ▶ ★★☆
頻出度 ▶ ★★☆

> **ガイダンス**
>
> 立体図形を題材にした問題で、正多面体、立体の切断、積み木、投影図の4つのテーマを扱います。個々の出題率はあまり高くはありませんが、いずれも基本的な知識や解法パターンを覚えれば得点しやすい分野です。

1 正多面体

　正多面体というのは、全て合同な正多角形で構成され、1つの頂点の周りに集まる面の数も全て同じである多面体をいいます。

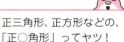
正三角形、正方形などの、「正○角形」ってヤツ！

　たとえば、立方体（「正六面体」ともいいます）は、全て合同な正方形で構成されていて、図のように、1つの頂点の周りには面が3枚ずつ集まっています。

平面だけで構成される立体のこと！球みたいな曲面を持たないヤツね。

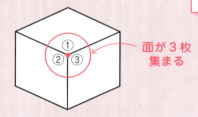
面が3枚集まる

　このような条件を満たす立体は、表のように全部で5つあります。
　名称、面の形、1頂点に集まる面の数と、大体の形は覚えてください。面の数は名称に入っています。辺の数と頂点の数については、後述のように、計算で求められますので、覚える必要はありません。
　特に左の3つ（正四面体、正六面体、正八面体）は、展開図や切断の問題などにもよく登場しますので、しっかり構成を捉えておきましょう。右の2つ（正十二面体と正二十面体）は、基本的なことだけでOKです。

名称	正四面体	正六面体	正八面体	正十二面体	正二十面体
面の形	正三角形	正方形	正三角形	正五角形	正三角形
1頂点に集まる面の数	3	3	4	3	5
見取り図					
面の数	4	6	8	12	20
辺の数	6	12	12	30	30
頂点の数	4	8	6	20	12

② 辺の数と頂点の数

例として、立方体の辺の数と頂点の数を求めてみます。

立方体は、正方形6枚で構成されていますが、1枚の正方形に辺は4本ありますから、正方形6枚をバラバラにすると、辺の数は全部で 4 × 6 = 24（本）となります。

そして、その6枚を組み合わせて立体を作るには、図1のように、2本ずつの辺を合わせることになりますので、できあがった立体の辺の数は、24 ÷ 2 = 12（本）と求められます。

同様に、頂点の数も、正方形6枚をバラバラにすると、4 × 6 = 24（個）ですが、立方体は1つの頂点の周りに正方形が3枚ずつ集まりますので、図2のように、3個の頂点が1か所に集まって立体を作ることになり、できあがった立体の頂点の数は、24 ÷ 3 = 8（個）と求められます。

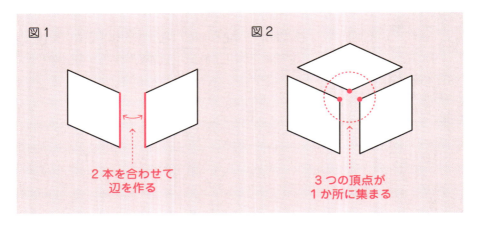

これより、辺の数と頂点の数は、次のように計算できることになります。

```
辺の数    → 1面の辺の数 × 面の数 ÷ 2
頂点の数  → 1面の頂点の数 × 面の数 ÷ 1頂点に集まる面の数
```

ちなみに、正多面体以外の立体でも、わりと単純な構造の立体であれば、同様の考え方で辺や頂点の数を求めることができます。

③ 立体の切断

立体を1つの平面で切断したときの切断面を描く手順は、次のようになります。

① 同じ面の上にある2点はそのまま結ぶ
② 平行な面に入る切り口は平行になるようにつなげる

たとえば、図1の立方体を、3点A〜Cを通るように切断します。
　まず、AとBは、いずれも上面にある点です。つまり、同じ面の上にある2点ですので、手順①より、図2のように、そのまま結びます。同様に、BとCも同じ側面上の2点ですので、そのまま結びます。
　次に、Cから先の切り口を考えると、底面に入ることになりますが、底面は上面と平行ですから、手順②より、上面にあるABと平行になるように、切断線CDを図3のように描きます。
　そうすると、DとAは同じ側面上の2点になりますので、そのまま結びますが、

ＡＤは必然的に**ＢＣ**と**平行**になります。

これより、切断面は、図３のような**平行四辺形**になることがわかりますね。

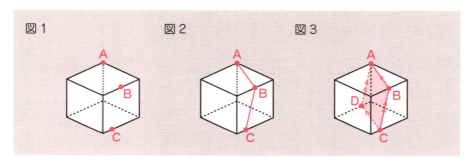

④ 投影図

立体をある方向から見て平面に写した図を「投影図」といい、次の３つから構成されます。

正面から見た図 →「正面図」または「立面図」
真上から見た図 →「平面図」
真横から見た図 →「側面図」

たとえば、図１のような立体の投影図は、図２のようになります。

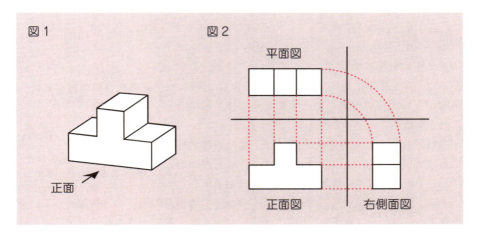

例題 1 正多面体

出典 東京消防庁Ⅲ類 2022　難易度 ★☆☆

下の正多面体に関する表で正しい数値又は語句の組合せになっているものとして最も妥当なのはどれか。

	頂点の数	辺の数	面の形	頂点に集まる面の数
正四面体	4	8	正三角形	3
正六面体	6	12	正方形	3
正八面体	6	12	正三角形	4
正十二面体	20	30	正六角形	3
正二十面体	12	30	正三角形	6

1. 正四面体
2. 正六面体
3. 正八面体
4. 正十二面体
5. 正二十面体

正多面体の基本知識についての問題です。正多面体の問題自体の出題率は低いですが、「立体の切断」や「展開図」などで正多面体を扱うことが多いので、基本的な構造や性質は、247ページで確認しておきましょう。

解説

》1 正多面体

正多面体の基本構造は、面の形と1つの頂点に集まる面の数を基準に覚えてください。つまり、「正○角形が1つの頂点の周りに△枚集まる立体」ということですね。

正多面体の定義などは、246ページで確認してね。

これさえしっかり押さえておけば、面の数は名称に入っていますし、頂点や辺の数は、計算で求めることができますので、覚える必要はありません。

247ページ「2. 辺の数と頂点の数の求め方」参照。

まず、面の形が正三角形のものについて、1つの頂点の周りに3枚集まっているのが正四面体、4枚集まっているのが正八面体、5枚集まっているのが正二十面体です。

13 立体図形

　ここで、表の「正二十面体」の「頂点に集まる面の数」が誤りとわかります。

　さらに、面の形が正方形なのは正六面体（立方体）、正五角形なのは正十二面体の１種類だけで、いずれも、１つの頂点の周りに３枚集まっています。

　ここで、表の「正十二面体」の「面の形」が誤りとなります。

　また、正六面体と正八面体、正十二面体と正二十面体は、それぞれ関係性が深く、互いの面の数と頂点の数が逆で、辺の数が同じという特徴があります。

　すなわち、「正六面体」の頂点の数は「8」で、表の数が誤りとわかります。

　最後に、「正四面体」について、辺の本数は「6」で、表の数は誤りです。

> この図は簡単だから、描いてみればわかるでしょ！

　よって、正しく直すと次のようになり、正しい組合せになっているのは「正八面体」で、正答は肢３です。

	頂点の数	辺の数	面の形	頂点に集まる面の数
正四面体	4	6	正三角形	3
正六面体	8	12	正方形	3
正八面体	6	12	正三角形	4
正十二面体	20	30	正五角形	3
正二十面体	12	30	正三角形	5

正答》3

例題 2 立体の切断

出典 東京都Ⅲ類 2022　難易度 ★★★

下の図のような立方体において、P、Q、Rをそれぞれ線分AB、CD、GHの中点とするとき、A、G、Qの3点を通る平面と、D、P、Rの3点を通る平面とが、平面EFGH上につくる交線を表す図として、妥当なのはどれか。

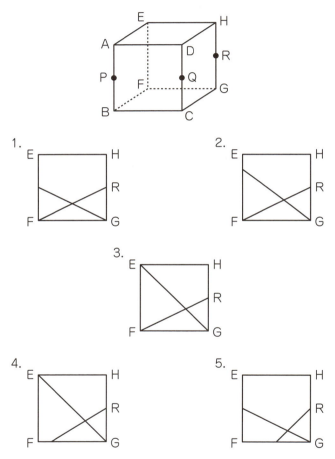

立体を平面で切断したときの切断面考えます。248ページのルールに従って切断面を描けるように、確認しておきましょう。

解説

>> 3 立体の切断

まず、A、G、Qの3点を通る平面を描きます。

図1のように、切断面を描く手順（248ページ）の①より、**AとQ、QとGをそのまま結び**、さらに、手順②より、左側面に、Aを通って**QGに平行な線を引いて**、EFとの交点をSとすると、**SはEFの中点**となります。

> CG：QC＝2：1より、EA：SE＝2：1になるからだよ。

最後に、SとGを結ぶと、**SGはAQと平行**になり、**平面AQGSはひし形**となります。

図1

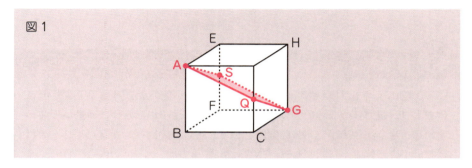

同様に、D、P、Rの3点を通る平面を描きます。

図2のように、**DとP、DとRをそのまま結んで**、左側面に、Pを通って**DRに平行な線を引く**とFを通りますので、FとRを結んで、**平面DPFRもひし形**になりますね。

図2

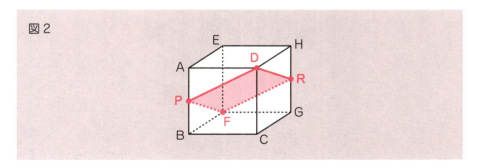

図1、2より、平面EFGH上に作る交線は、図3のようになり、正答は肢1です。

図3

正答》1

例題 3 積み木

出典 東京都Ⅲ類 2020　難易度 ▶ ★ ★ ★

下の図のような 150 個の同じ大きさの白色と灰色の小立方体でできた直方体があり、直方体の一方の面から反対の面まで灰色の小立方体が連続して並んでいるとき、灰色の小立方体の個数として、正しいのはどれか。ただし、それぞれの小立方体は、六面とも同一色である。

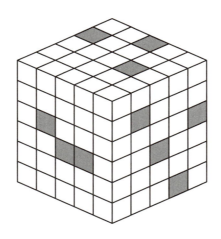

1. 34 個　　2. 37 個　　3. 40 個　　4. 43 個　　5. 46 個

小さい立方体を積み上げるなどで作った大きな立体を「積み木」といい、このような問題は、上から 1 段ずつスライスして平面で考えることになります。

13 立体図形

解説

小立方体 150 個でできた直方体で、5×5×6 と確認できますね。

では、上から 1 段ずつスライスして、各段について平面図を描いて、灰色の立方体の個数を数えます。

まず、直方体の上の面で灰色に見えている 3 か所は、下まで連続していますので、図のように、全ての段に〇を記入しておきます。

次に、3 段目と 4 段目について、正面が灰色の部分は奥まで連続していますので、図のように、矢印を引き、同様に、2、3、4、6 段目について、右側面の灰色の部分は左まで連続していますので、矢印を引きます。

> もちろん、塗りつぶしてもいいし、〇でも×でもOK！ 時間がかからないような方法でね。

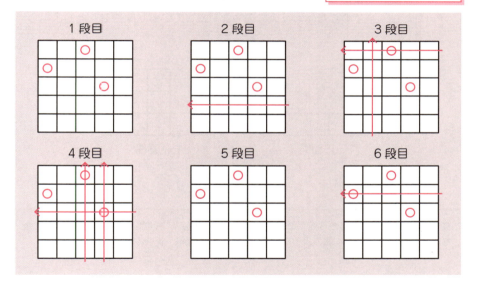

これより、〇や矢印が通っている立方体の個数を数えると、次のようになります。

1 段目 … 3 個
2 段目 … 8 個
3 段目 … 11 個
4 段目 … 14 個
5 段目 … 3 個
6 段目 … 7 個

> 正面や側面に灰色がない 1 段目と 5 段目は描く必要なかったね。特に、1 段目なんて見ればわかるしね。
> 不要な作業はもちろん省略したほうがいいけど、最後に数え漏れがないように注意してね。

よって、灰色の立方体の個数は、3 + 8 + 11 + 14 + 3 + 7 = 46（個）で、正答は肢 5 です。

正答》5

例題 4 投影図

出典》警視庁Ⅲ類 2021　難易度▶ ★ ☆ ☆

次の図は、1 辺の長さが 1cm の立方体を、5cm × 5cm の板の上にいくつか積み上げた状態を正面及び正面に向かって右の側面から見た図である。次の図のように見えるために必要な立方体の最小個数として、最も妥当なのはどれか。ただし、全ての立方体は互いに辺や面で接している状態でなくともよいものとする。

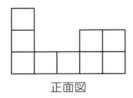

1. 10　　2. 11　　3. 12　　4. 13　　5. 14

立体を、正面や側面などから見たときの見え方から考察する「投影図」という問題です。色々な問題がありますが、本問のような「積み木」の投影図は、頻出タイプです。

解説

》4 投影図

正面図、右側面図とも、幅は 5cm ですから、5cm × 5cm の平面図を描いて、どの位置のいくつの立方体が積み上げられているかを書き込んでいきます。

まず、図 1 のように、平面図の手前を正面として、正面の方向から各列に見える立方体の個数を記入します。

同様に、右側面の方向から見える個数も、図のように記入します。

> 文字通り、正面から見た図と、右側面から見た図だよ。上から見た図が「平面図」だね。

> 右側面から見ると、左が正面側になるからね。

図1

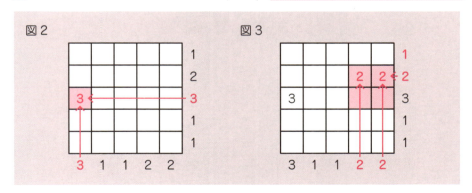

まず、正面、右側面のそれぞれから見て、**3個の立方体**が見えるのは、それぞれ1列ずつで、図2のように、これが**交差する1か所**に3個の立方体が積み上げられているとわかります。

同様に、**2個の立方体**が見えるのは、正面からは2列、右側面からは1列ですから、例えば、図3のように、これらが**交差する2か所**に2個の立方体が積み上げられているとわかります。

> この2か所のうちどちらか一方だけすぐ下（色の付いたところ）のところに変えても、見え方はOKだよ。いずれにしても、ここまでの計7個は、どうしても必要だからね。

そうすると、残る部分について、図4の①、②の各列の**どこかに1個ずつ**、③〜⑤の各列の**どこかに1個ずつ**積み上げられていれば、正面図、右側面図の見え方を満たします。

257

本問では、最小個数を求めるので、例えば、図4の「1」と記入された位置のような組合せで積み上げられていればいいので、あと3個の立方体で見え方を満たすとわかります。

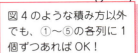

図4のような積み方以外でも、①～⑤の各列に1個ずつあればOK！

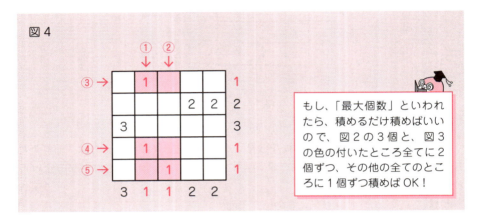

もし、「最大個数」といわれたら、積めるだけ積めばいいので、図2の3個と、図3の色の付いたところ全てに2個ずつ、その他の全てのところに1個ずつ積めばOK！

よって、立方体の最小個数は、3＋2＋2＋3＝10（個）で、正答は肢1です。

正答》1

13 立体図形

No.1

出典 警視庁Ⅲ類 2024　難易度 ★★☆

正八面体の1つの頂点と接する4辺のそれぞれの中点を通る面で、すべての角を切り落とす。このとき残った立体の辺の数として、最も妥当なのはどれか。

1. 12本　　2. 18本　　3. 20本　　4. 24本　　5. 32本

解説

例えば、図1のように、頂点Aに接する4本の辺の中点を取ると、この4点を通る平面は、**正方形**になります。

正八面体に**頂点は6個**ありますので、全ての頂点を同様に正方形の面で切り落とすと、残った立体には、**正方形が6面**あることになります。

正方形の切断面同士は、被ることはないからね。

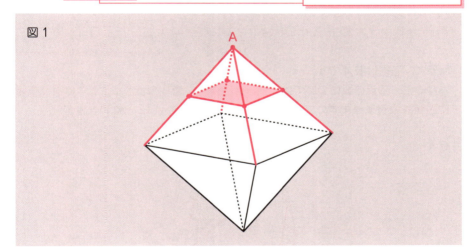

図1

また、全ての頂点を切り落とした後、もとの正八面体の面で残る部分を考えると、図2のように、面ABCの真ん中に**正三角形**が残るとわかります。

正八面体に**面は8枚**で、全ての面に同様に正三角形が残りますから、残った立体は**正三角形が8面**あることになります。

図2

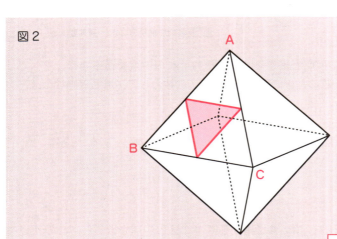

これより、残った立体は、<u>正方形6面と正三角形8面で構成される立体</u>になり、辺の数は、次のように計算できます。

> 切断後の立体は、切断面と残った面で構成されるからね。

$$(4 \times 6 + 3 \times 8) \div 2 = 24（本）$$

> バラバラにして足して2で割るわけだ（247ページ）。

よって、正答は肢4です。

ちなみに、頂点の数については、残った立体は、図3のように、<u>1つの頂点の周りに面が4枚</u>集まりますので、<u>(4 × 6 + 3 × 8) ÷ 4 = 12</u> となります。

図3

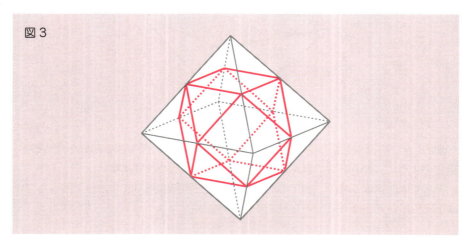

正答》4

No.2

出典 刑務官 2019　難易度 ★★★

　白い材質で出来た同じ大きさの立方体と、黒い材質で出来た同じ大きさの立方体を、それぞれ4個ずつ用いて、図のような一つの立方体を作った。この立方体を、図中の点A、B、Cの3点を含む平面で切断したときの断面として最も妥当なのはどれか。

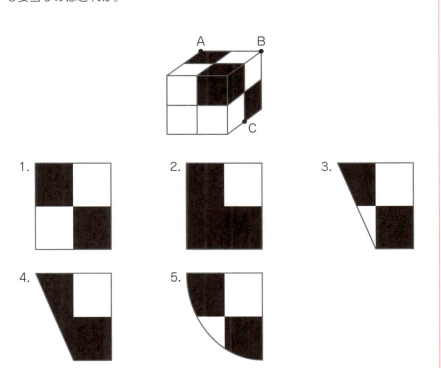

解説

まず、切断面の形を確認します。

図1のように、切断面を描く手順（248ページ）①より、**AとB、BとCをそのまま結びます**。

次に、手順②より、左側面に、Aを通ってBCに平行な切断線ADを引いて、DとCを結ぶと、平面ABCDは長方形になります。

ABはもともと辺だから、あえて結ばなくていいけどね。

図 1

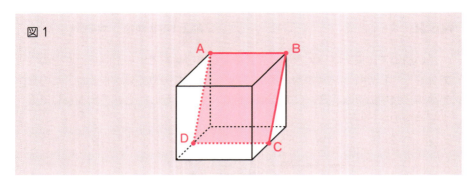

　また、立方体は白、黒ともに 4 個ずつですが、与えられた図では黒が 3 個しか見えていませんので、**見えないところにもう 1 個**あるとわかります。
　すなわち、大きな立方体を上下 2 段に分けると、図 2 のような構成であるとわかりますね。

図 2

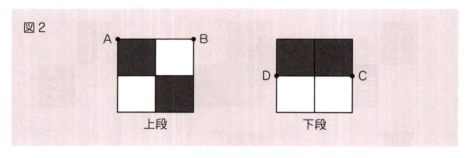

図 1 より、切断面が通るのは奥の 4 個なので、その断面は図 3 のようになります。

図 3

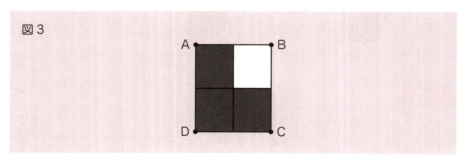

よって、正答は肢 2 です。

正答≫ 2

No.3

出典　国家一般職（高卒）2016　難易度 ★★☆

図のような、同じ大きさの白と黒の小立方体の計64個を交互に積み上げて作った立方体がある。この立方体を、頂点A、B、Cを通る平面で切断するとき、切断される黒の小立方体の数はいくつか。

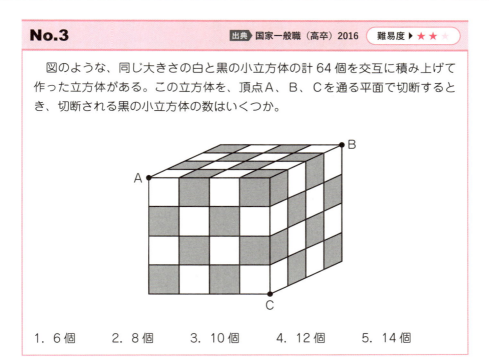

1. 6個　　2. 8個　　3. 10個　　4. 12個　　5. 14個

解説

まず、切断面の形を確認すると、図1のような、正三角形となり、切断面と各段の境目の交点をP～Uとします。

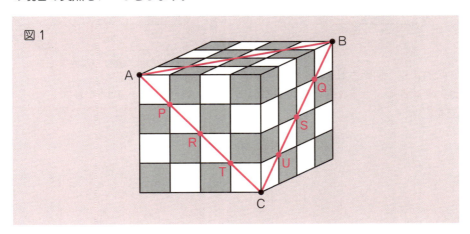

図1

ここで、図2のように、上から4段にスライスして、切断面の状態を調べます。

まず、1段目にかかる切断面は、**ＡＢからＰＱまで**で、ここで切断される黒の小立方体は、**○が付いた3個**です。

同様に、2段目はＰＱからＲＳまで、3段目はＲＳからＴＵまで、4段目はＴＵからＣまでで、それぞれ切断される黒の小立方体は、○が付いた、**2個、1個、0個**とわかります。

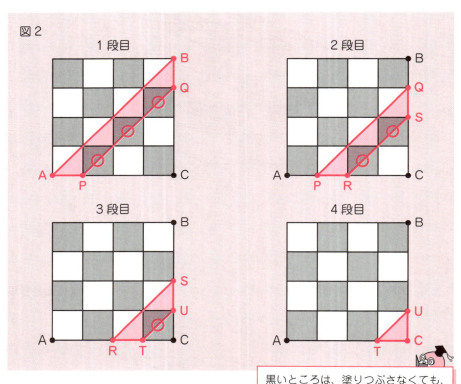

これより、切断される黒の小立方体の数は、**3 + 2 + 1 = 6（個）**で、正答は肢1です。

黒いところは、塗りつぶさなくても、場所がわかればOK！
4段目は描く必要はないかな。

正答》1

No.4

出典 東京都Ⅲ類2024　難易度 ★★☆

下の図は、何種類かの小さな直方体をすき間なく組み合わせて作った一つの大きな直方体を、二つの方向から見たものである。小さな直方体の個数として、正しいのはどれか。

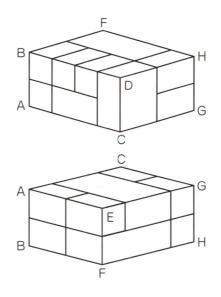

1. 9個　　2. 10個　　3. 11個　　4. 12個　　5. 13個

解説

与えられた図のうち、上のほうを図ア、下のほうを図イとし、まず、図アについて、見えている小さな直方体を、図1のように①〜⑨とします。

図1

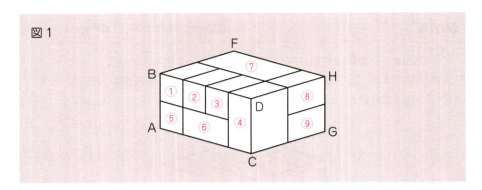

さらに、図イで見えている小さな直方体について、**頂点の位置**を手掛かりに、①～⑨のいずれに当たるかを調べて記入します。

まず、図アより、**頂点Aの位置にあるのは⑤、頂点Bの位置にあるのは①**で、同様に、頂点C、G、F、Hの位置にあるのは、④、⑨、⑦、⑧ですから、これらを図2のように記入すると、**④と⑤の間にあるのは⑥**とわかります。

そうすると、残るのは、頂点Eの位置にある1個で、これを⑩とします。

こうやって、頂点の位置を手掛かりに位置関係を考えていくんだね。

図2

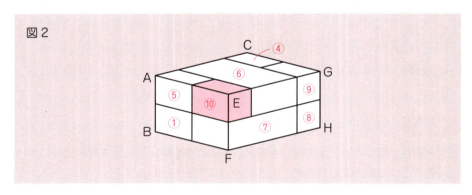

これより、小さな直方体の個数は、①～⑩の10個とわかり、正答は肢2です。

正答》2

No.5

出典 海上保安学校（特別）2024　難易度 ★★☆

　図のように、太い針金を立方体の頂点D、E、B、Gを通る形に折り曲げて、立方体内に納めた。

　この立方体内に収めた針金について、図に示した各方向から見た投影図は六つできるが、このうちの三つを正しく挙げているのは、次のうちではどれか。

　ただし、投影図は、立方体を回転させることなく面ABCDが正面となるように作成し、作成した投影図は、回転させたり、裏返したりしないものとする。

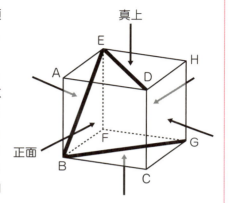

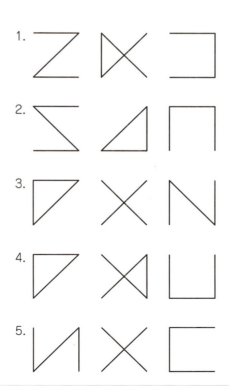

解説

図1のように、6つの方向を①〜⑥とします。

図1

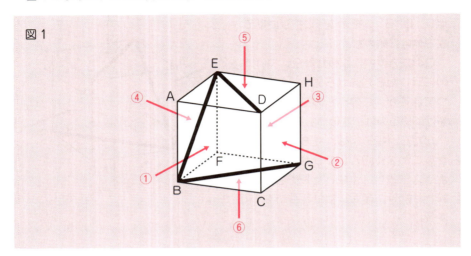

これより、各方向から見た6つの投影図の見え方を確認します。

まず、①の方向から見た図（正面図）について見ると、**EはAの奥**に、**GはCの奥**にありますので、針金DE、EB、BGは、図2のように見えます。

図2

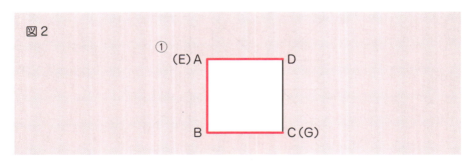

同様に、②〜⑥の方向から見た図は、図3のようになります。

図3

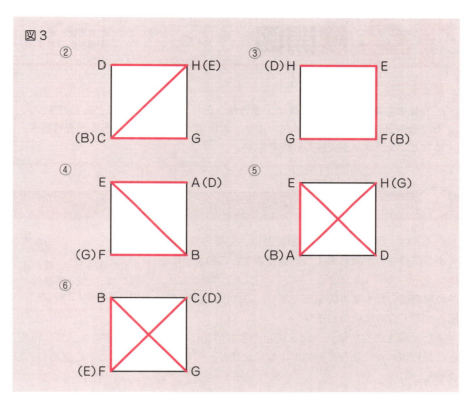

 よって、これら6つのうち、②、③、⑤（または⑥）の3つを挙げている肢1が正答です。

正答》1

section

14 展開図

重要度 ▶ ★★★
頻出度 ▶ ★★★

> **ガイダンス**
> 立体の展開図を考える問題で、立方体と正八面体の問題がほとんどですが、その他の図形も時々出題されています。展開図で重なる辺を調べて面を移動するなど、テクニックで解く分野です。

① 立方体の展開図

たとえば、図１の立方体の展開図は、側面を横に開くように描くと、図２のようになります。このように、**横に４面、その上に１面、下に１面**というのが、立方体の展開図の最も基本的な形であり、この形になれば、組み立てて立方体になります。

４枚の側面と、上面と底面だね。上面と底面はどの位置にあってもOK！

また、図１の立方体は、図３のような展開図にすることも可能です。すなわち、どこから開くかによって別の形になりますが、**同じ立方体**であることに変わりありません。

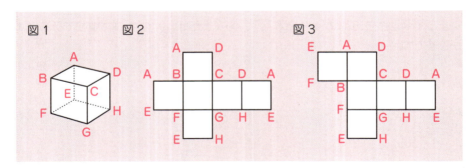

このように、同じ立体でも色々な形の展開図ができますが、図３の展開図は、図２の面ＡＥＦＢを、**辺ＡＢ同士が重なるように上に移動**しただけですね。

すなわち、組み立てたときに**重なる辺**は、もともと**同じ辺**なわけですから、これを重ねるように面を移動させても、同じ立体の展開図に変わりはないわけです。

そうすると、展開図の上で、重なる辺さえわかれば、その辺に重なるように面を移動させることで、**展開図を変形**することができることになります。

では、その「重なる辺」ですが、立方体の展開図では、次のルールに従って求めることができます。

① 最初に、90度をなす辺同士が重なる
② 次に、その隣同士の辺が重なる（以下同様）

たとえば、図４の展開図において、90°をなす辺はア～エの４組があり、まずはこれらが重なることになります。

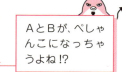
いずれも１頂点の周りに３面が集まっているから、閉じてしまわないとね！

次に、その隣同士の辺が重なりますので、アの２辺の隣同士で、図５のオの２辺が重なり、同様に、エの隣同士のカの２辺が重なります。

しかし、イの隣同士のキの２辺は重なることはありません。なぜなら、図５のＡとＢの面は、既にイで１組の辺が重なっていますので、図６のように、さらにもう１組の辺を重ねようとすると、ＡとＢの面同士が重なってしまうことになります。

ＡとＢが、ぺしゃんこになっちゃうよね!?

すなわち、１組の面で重なる辺は１組までとなり、２組目はＮＧということです。ウの隣同士も同様ですね。

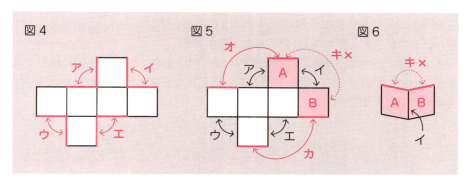

あとは同じように、さらにその隣同士の辺が重なっていきますので、オの隣同士で、図７のａとｂが重なることになりますが、ｂはｃと重なることが既にわかっています。

このように、片方が既に重なる辺が決まっている場合は、その辺の隣、つまり、ｃの隣のｄと重なることになり、図７のように、重なる辺がわかります。

271

図7

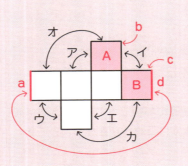

　この方法で、重なる辺を調べたら、その先へ面を移動させることで、展開図の変形が可能になりますので、**都合のいい形に変形**することで、効率よく問題を解くことができるわけです。

> 実際には、変形までしなくても、重なる辺を調べるだけで、わかることがけっこうあるんだよ。

2　正八面体の展開図

　たとえば、図1の正八面体の展開図は、図2のようになります。
正三角形△と▽を交互に6面並べ、その上に1面、下に1面というのが、正八面体の展開図の基本形です（ア）。

上と下の面はどの位置でもOK！

　また、図1の上半分（色の付いた部分）は、図2の色の付いた4面に当たりますが、このような、**1頂点の周りに集まる4面**で正八面体の**半分を構成**しますので、展開図もこのような形が2組で構成されることになります（イ）。

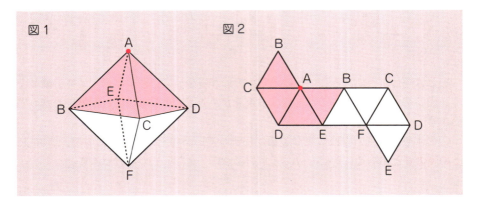

正八面体の展開図もまた、立方体と同様に、重なる辺の先へ移動することで変形が可能ですが、変形してアまたはイのいずれかが満たされれば、組み立てて正八面体になります。

では、正八面体の重なる辺ですが、次のようなルールに従います。

① 最初に、120度をなす辺同士が重なる
② 次に、その隣同士の辺が重なる（以下同様）

たとえば、図3のような展開図の場合、次の①→②→③の順に、重なる辺を調べることができます。

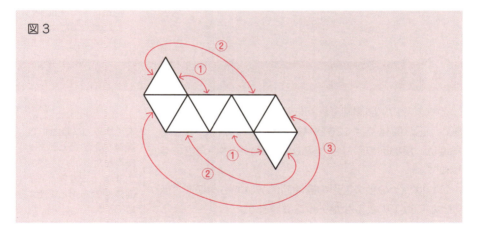

図3

重なる辺がわかったら、その先へ移動できるのは、どの立体でも同じです。

③ 向かい合う面の位置関係

立方体の向かい合う面は、展開図では図1のような位置関係になりますね。

同様に、正八面体では、図2のようになります。正八面体でも、立方体と同じように、**向かい合う面同士は平行**になります。この位置関係に着目して解く問題もありますので、覚えておいてください。

> 「正八面体になるのはどれか」って問題が出たら、これを思い出して！（280ページ「例題2」参照）

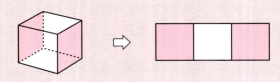

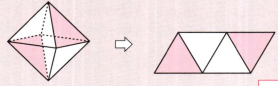

△と▽を4面並べた端同士だよ！

④ その他の図形の展開図

これまでで、展開図で最初に重なる辺は、立方体では90°、正八面体では120°をなす辺でしたが、これらの角度は、展開図の隣り合う辺の中で最も小さい角度になります。

これは、その他の図形の展開図においても同様で、原則として以下のようなルールに従います。

あくまでも「原則」で、複雑な図形だと例外もあるんだ！
まずは、立方体と正八面体がきちんとできればOK！

① 最初に、最小の角をなす辺同士が重なる
② 次に、その隣同士の辺が重なる（以下同様）

⑤ その他の正多面体の展開図

正四面体の展開図は、図1の2通りの形のみです。辺同士がなす最小の角は180°で、図1の①→②の順で辺が重なります。

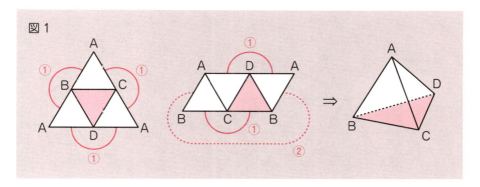

正十二面体の展開図は、図2のように、1つの正五角形の周りを5つの正五角形が花を咲かせたように囲んだ図が2組で構成されたものが代表的な形となります。組み立てると、右の図のようになり、上面Aの周りに5面（右の図の上半分）と、底面Bの周りに5面（下半分）で構成されるのがわかりますね。

辺同士がなす最小の角は①で、この10組が重なり、さらにその隣同士の辺が重なっていきます。

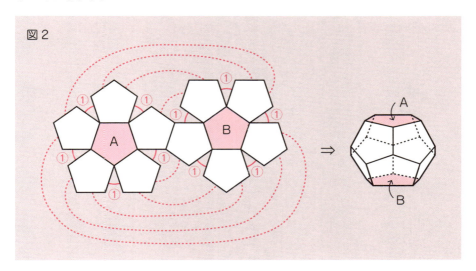

正二十面体の展開図は、図3のように、頂点A、Bの周りにそれぞれ5面と、真ん中に10面で構成されているのが代表的な形になります。

辺同士がなす最小の角は①で、この8組が重なり、さらのその隣同士の辺が重なっていきます。

図3

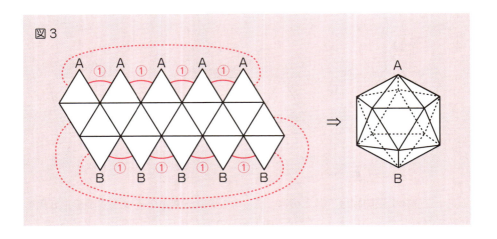

例題 1 立方体の展開図

出典 ▶ 警視庁Ⅲ類 2022　難易度 ▶ ★★★

下の図のように、正六面体に文字が書かれているとき、この立体の展開図として、最も妥当なのはどれか。

1.
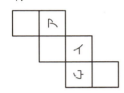

2.
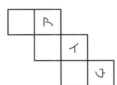

3.
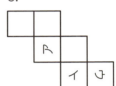

4.
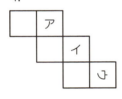

5.
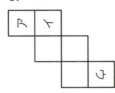

3面に書かれた文字の向きと位置関係に着目して解きます。重なる辺を調べて面を移動して確認しましょう。

解説

» 1 立方体の展開図

文字が書かれた3面の展開図を描くと、図1のようになり、文字は正立の状態で、**アとイの文字は上下**に、**イとウの文字は左右**に並んでいるのがわかりますね。

横になったり、逆さまになったりしていない、ちゃんとした状態ね。

図1

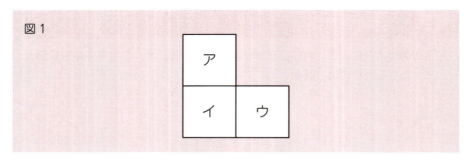

では、各肢の展開図について、これらの文字の位置関係が合致しているかを確認します。

肢1 図2のように、**イとウの文字の並び方**が、図1と合致しません。
肢2 図3のように、重なる辺を調べて面を移動させると、図1と合致するのがわかります。

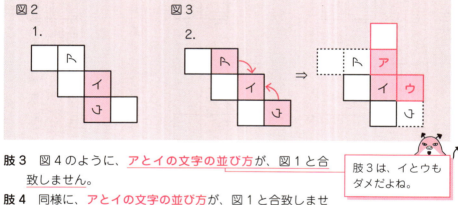

肢3 図4のように、**アとイの文字の並び方**が、図1と合致しません。

肢3は、イとウもダメだよね。

肢4 同様に、**アとイの文字の並び方**が、図1と合致しません（図5）。
肢5 図6のように、重なる辺を調べると、イとウが左右に並ぶには、図の**色の付いた面にイが書かれていなくてはいけません**ので、ここで、図1と合致しないとわかります。

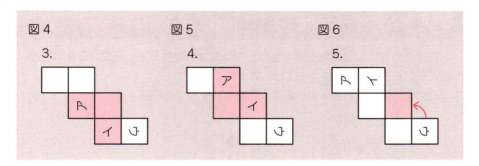

よって、正答は肢2です。

正答》2

例題 2 正八面体の展開図 出典 入国警備官等 2024 難易度 ★★★

図のような、二つの角を黒く塗り、四つの角を灰色で塗った正八面体の展開図として正しいのは次のうちではどれか。

ただし、色は正八面体の表面だけに塗られているものとする。

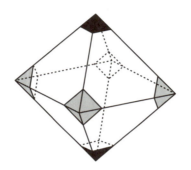

1.
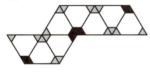

2.
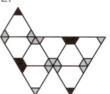

3.
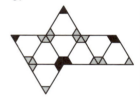

4.
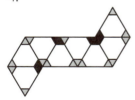

5.
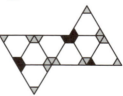

まずは、組み立てたときに正八面体になるかどうかから考えましょう。角の色はそれからです。

14 展開図

解説

>> 2 正八面体の展開図

まず、肢1について、図1のように、**頂点Pの周りに4枚の面**が集まっており、このような形がもう1組あれば、組み立てたときに正八面体になります（272ページ）。

しかし、残る4面は、図1のように、**横一列**に並んでおり、これはどのように移動しても1つの頂点を囲む形にはなりませんので、**正八面体になりません**。

> 正八面体の展開図の問題には、このように、「そもそも正八面体にならない」という選択肢もよくあるから、まずは、そこから確認してみてね。

また、肢2については、図2のように、**頂点Qの周りに5枚の面**が集まっており、やはり、正八面体になりません。

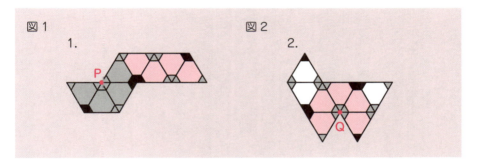

残る肢3～5は、正八面体にはなりますが、肢4と5には、図3のように、**1つの頂点の周りに黒と灰色の両方の角が集まっている**のがわかります。

しかし、与えられた正八面体では、1つの頂点の周りは同じ色で塗られていますので、このようなことはあり得ません。

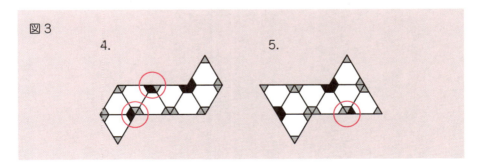

残る肢3については、図4のように、重なる辺を調べると、1つの頂点に周りに同じ色が集まり、与えられた図形と合致します。

図4

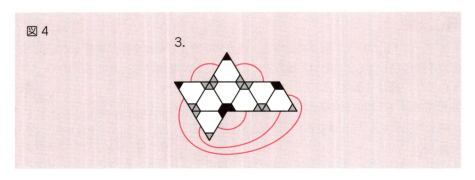

よって、正答は肢3です。

正答≫3

14 展開図

No.1

出典 裁判所職員一般職（高卒）2021　難易度 ▶ ★★

次の立方体の展開図のうち、組み立てたときに他と異なるものはどれか。

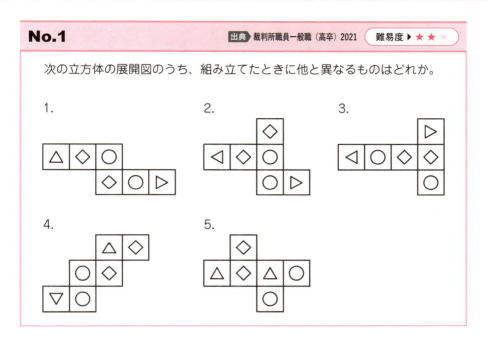

解説

立方体の<u>向かい合う2面</u>に描かれた模様の組合せを調べます。

まず、肢1について、図1のように、色の付いた2面、グレーの2面がそれぞれ向かい合いますので、残る2面も<u>向かい合う</u>とわかります。

> これの位置関係は、274ページ参照。

> 図1の重なる辺の先へ面を移動すれば、向かい合う位置関係になると確認できるね。

図1

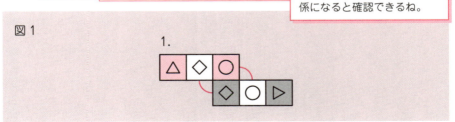

これより、肢1の立方体の向かい合う2面に描かれた模様の組合せは、次のようになります。

△と○　　◇と△　　◇と○

　同様に、肢2～5について、重なる辺を調べて向かい合う面を確認すると、図2の同じ色同士のようになります。

　これより、肢2、3、4は、肢1と同じ組合せで向かい合っていることが確認できますが、肢5だけは、△と△が向かい合うなど、他と合致しないとわかります。

> 肢2～5が同じで、肢1だけが違うという可能性もあるからね。
> ちなみに、全ての肢が合致した場合、次は、1頂点の周りに並ぶ模様の順番とかを確認する（15サイコロと位相「例題1」参照）ことになるけど、そこまでする問題は滅多にないからね。

図2

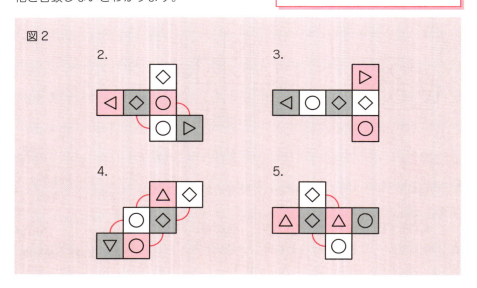

よって、正答は肢5です。

正答》5

No.2

出典 ▶ 特別区Ⅲ類 2024　難易度 ▶ ★★☆

次の図は、各面に色を塗った正八面体の展開図である。この展開図のA～Cにそれぞれ、赤、青又は黄のいずれか一色が入る。今、次のア、イのことが分かっているとき、この正八面体の見え方として有り得るのはどれか。

ア　組み立てられた立体において、青は白に接している。
イ　組み立てられた立体において、黄と平行な面の色は黒である。

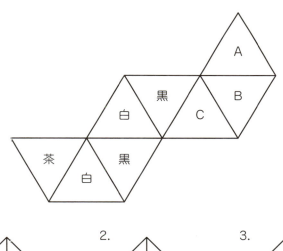

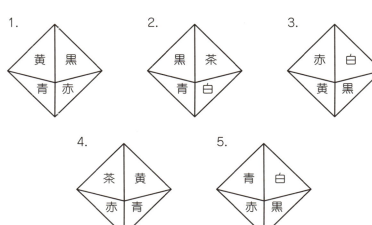

解説

まず、A〜Cの面の色を調べます。

条件アより、重なる辺を調べて、白の面と接する面を確認すると、図1の①と②がそれぞれ重なりますので、A〜Cのうち、白の面と接するのはBのみで、これが青とわかります。

白と黒は2面ずつあるから気をつけてね。

また、図1の③の辺を重ねると、Aの面は図の位置に移動できますので、色の付いた黒の面と平行な位置関係になることがわかります。

この位置関係は、274ページ「図2」で確認してね。

よって、Aが黄で、残るCが赤となります。

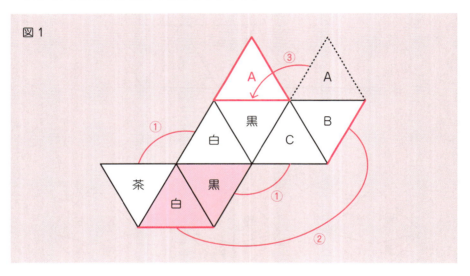

これより、A〜Cの色は、図2のようになり、赤、青、黄の3面は、1つ頂点（P）の周りに、赤→青→黄→（黒）と反時計回りに並ぶ位置関係と確認できます。

図2

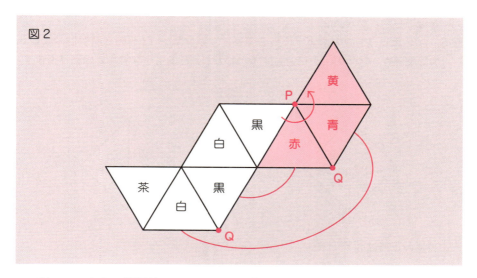

では、ここから、選択肢のような見え方があり得るか確認します。

肢1 図3のように、1つの頂点（P）の周りに、赤→青→黄→（黒）と時計回りに並んでいますので、図2と合致せず、このような見え方はあり得ません。

肢2 図4のように、青と黒の面が隣り合っていますが、図2より、青の面と隣り合うのは、赤、黄、白の3面ですから、このような見え方はあり得ません。

肢3 図5のように、赤と白の面が隣り合っていますが、赤の面と隣り合うのは、青と、黒2枚の3面ですから、このような見え方はあり得ません。

> 肢2や3の解説は、あくまで一例だからね。他にも、例えば、肢3の赤と黄の位置関係とか、ダメなところは複数ある場合があるからね。

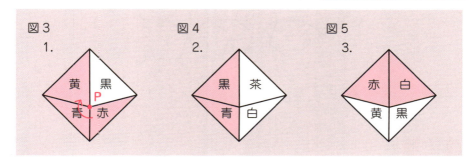

肢4 図6のように、1つの頂点（P）の周りに赤→青→黄と反時計回りに並んでいますが、もう1面が黒ではなく、茶になっていますので、このような見え

方はあり得ません。

肢5 図2より、1つの頂点（Q）の周りに、赤→青→白→黒と時計回りに並ぶ位置関係が、図7のように合致するとわかり、このような見え方はあり得ます。

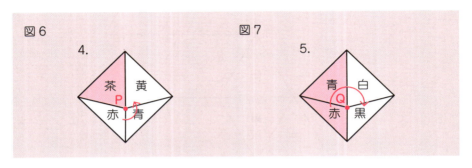

よって、正答は肢5です。

正答≫5

No.3

出典 入国警備官等 2022　難易度 ▶ ★★

図のような展開図を組み立てて正十二面体にしたとき、Aの面と平行になる面はどれか。

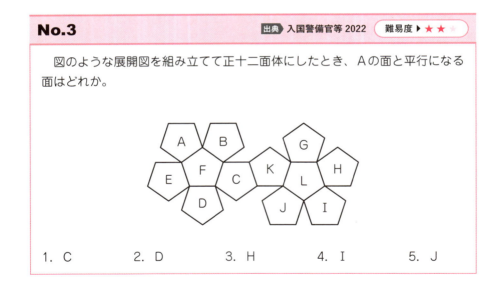

1. C　　2. D　　3. H　　4. I　　5. J

解説

正十二面体の向かい合う面の位置関係は、正五角形4面を、図1のように、上向きと下向き（●が付いている方向）

275ページの図2で確認してね。

を交互に並べたときの両端の2面になります。

図1

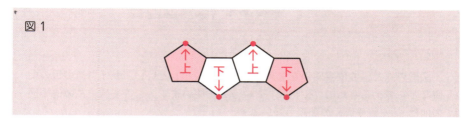

これより、図2のように、Aの面から、図1と同じ形になる4面を調べると、A → F → Cと、上向き→下向き→上向きに並びますので、Cの右の辺（色の付いた辺）に重なる辺の先にあるJの面が、その隣に下向きに並び、Aと向かい合うことになります。

図2

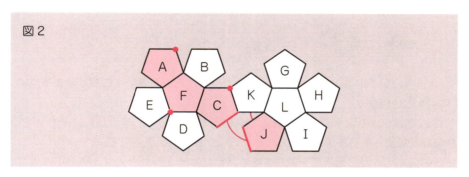

よって、正答は肢5です。

正答》5

section

15 サイコロと位相

重要度 ▶ ★ ★ ☆
頻出度 ▶ ★ ★ ☆

> **ガイダンス**
> 図形の点と線の位置関係を考える分野を「位相」といい、サイコロの目の配置などを考えるために「位相図」というのを使います。ここでは、この位相図の他に、「一筆書き」の問題も扱います。

① 一筆書き

一筆書きができる図形には、次のような条件があります。

　　一筆書きが可能　→　奇点が0個または2個

「**奇点**」というのは、**奇数本の線が集まる点**のことで、偶数本の線が集まる点は、「**偶点**」といいます。

　たとえば、次の図1で、頂点A、Cにはそれぞれ2本、B、Dにはそれぞれ3本の線が集まっていますので、**A、Cは偶点、B、Dは奇点**です。

　この図を、Aから始めて一筆書きをしようとすると、たとえば、図2のように、A→B→C→D→Bと書いたところで止まってしまい、一筆書きは完成しません。これは、Bに集まる線が3本しかないため、図の①でBに入り、②で出て、③で入って、**その後の出口がない**ので、ここで止まってしまうわけです。

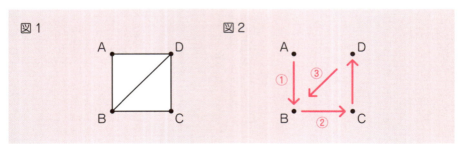

　このように、入って、出て、入って…とつながっていくには、偶数本の線が集まっていることが必要で、奇数本だと最後の出口がなく、次につながっていきません。
　しかし、そこが**終点**であれば、**止まってもOK**ですね。また、**始点**についても、そこから**「出る」から始まります**ので、奇点でもOKです。

すなわち、「奇点が2個」というのは、その2個が始点と終点になれば一筆書きができることになり、図1についても、BとDを始点と終点とすれば、一筆書きができます。

> たとえば、
> B→A→D→C→
> B→Dのようにね！

また、「奇点が0個」の場合は、全て偶点ですから、どこを始点として書き始めても、最後は始点に戻ってきます。

よって、一筆書きができる図形の条件は「奇点が0個または2個」ですが、「0個」と「2個」で、次のような違いがあることになります。

奇点が0個 → 始点と終点が一致する
奇点が2個 → 一方が始点、もう一方が終点となる

 サイコロの配置　　出典 海上保安大学校等 2023　　難易度 ★★☆

向かい合っている目の数の和が7であるAとBの2種類のサイコロがある。
ア〜オは、AとBいずれかを転がしたときの図である。
このうち、Bを転がしたときにあり得るもののみを挙げているのはどれか。

A

B

ア　　　　イ　　　　ウ　　　　エ　　　　オ

1. ア、ウ　　2. ア、エ　　3. イ、エ　　4. イ、オ　　5. ウ、オ

サイコロの目の配置を考える基本的な問題で、1つの頂点に集まる3面の位置関係に着目します。展開図を活用して解いてみましょう。

解説

　AとBは、いずれも向かい合う目の和が7になるサイコロですが、図1のように、**1つの頂点を囲んで1→2→3**と、Aは反時計回りに並び、Bは時計回りに並んでいます。

この並び方が反対だと、目の配置は同じにならないからね。

図1

A　　　　　　B

　これより、それぞれのサイコロを展開図にすると、図2のようになります。

「14 展開図」で勉強した、「向かい合う面」が、和が7になるようにすればいいね。

図2

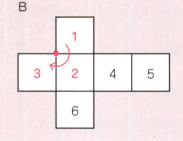

　これより、ア～オのサイコロが、A、Bのいずれかを確認します。

ア　図3のように、**4→2→6と時計回り**に並んでいますので、展開図より、Aのサイコロです。

イ　同様に、**1→2→3と時計回り**に並んでいますので、展開図より、Bのサイコロです。

「2→4→6と反時計回り」でもいいし、順番も見やすいところでOK！

ウ　同様に、**1→2→4と時計回り**に並んでいますので、展開図より、Aのサイコロです。

エ　同様に、**3→5→6と時計回り**に並んでおり、図のように、展開図の**「6」の目を移動**させると、Aのサイコロとわかります。

立方体の展開図は、90°隣に移動させてもいいからね。

オ 同様に、**6→2→4と時計回り**に並んでいますので、展開図より、Ｂのサイコロです。

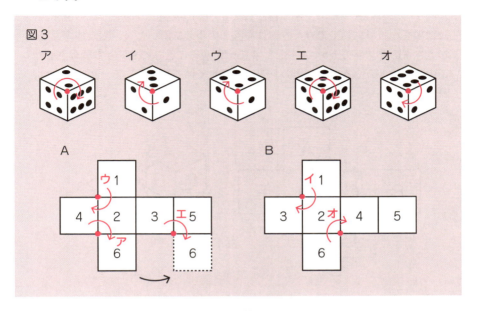

図3

以上より、Ｂのサイコロはイとオで、正答は肢 4 です。

正答》4

例題 2 位相図

出典 ▶ 東京都Ⅲ類 2021　　難易度 ▶ ★★★

　図Ⅰのように A ～ F の文字が書かれた立方体の展開図がある。この展開図の破線部を山折りにしてできた立方体を図Ⅱのように置いた後、立方体の面と同じ大きさのマス目の上を、1、2、3、4 の順に滑ることなく 90°ずつ回転させた。このとき、4 の位置で立方体の上面に書かれている文字として、正しいのはどれか。

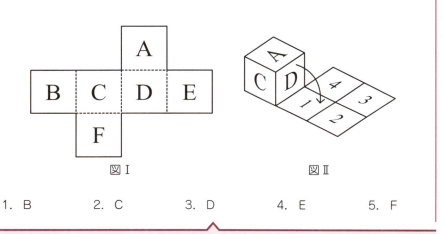

図Ⅰ　　　　　　　　　　図Ⅱ

1. B　　　2. C　　　3. D　　　4. E　　　5. F

サイコロを転がしたときの目の移動先などを調べるのに、立方体の位相図を使います。求めるところを調べるのに必要最低限の作業で進めるようにしましょう。

解説

　求めるのは、「4 の位置で上面に書かれている文字」ですから、文字の向きは考慮しなくていいですね。
　移動先の目の配置は、立体を平面化した「位相図」に表して調べます。
　まず、与えられた展開図から立方体の見取り図を描くと、図 1 の左の図のようになり、これを位相図に表すと、右の図のようになります。

上面を中央に、側面を周りの台形に、底面は（　）の中に記入して、目の配置を表した図だね。

図1

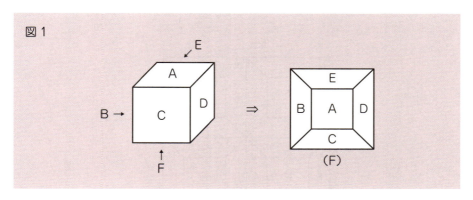

そして、図1の状態から、Dが底面になるように、1の位置に回転させると、図2のように、Bが上面になり、AとFが側面になります。

図2

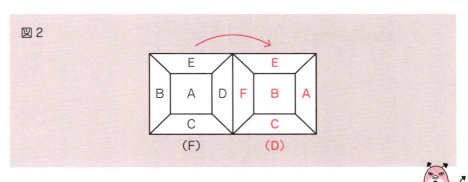

同様に、1→2→3→4と回転させると、目の配置は図3のようになり、4の位置での上面はBとわかります。

3の位置で右側面がBになることがわかった時点で答えはわかるね。作業は必要最低限で済ませよう！
もちろん、練習という意味で、図は完成させるよ。

図3

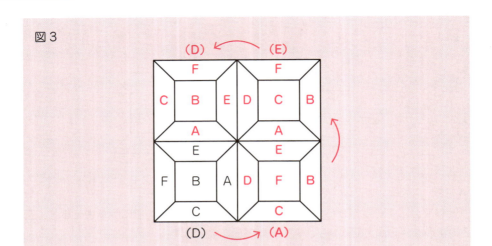

よって、正答は肢1です。

正答》1

例題3 一筆書き

出典 警視庁Ⅰ類 2023　難易度 ★★★

下図のような4つの図形の中で一筆書きが可能な図形の個数として、最も妥当なのはどれか。

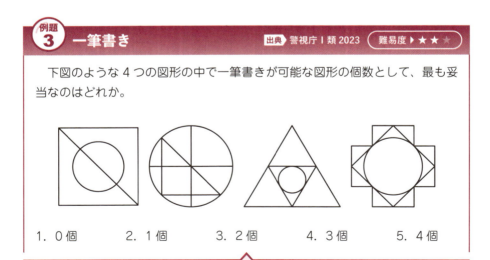

1. 0個　　2. 1個　　3. 2個　　4. 3個　　5. 4個

一筆書きができる図形の条件を知っていれば簡単な問題です。290ページの条件を、理由を理解したうえで覚えておきましょう。

解説

≫ 1 一筆書き

4つの図形を左からA～Dとして、それぞれの図形の各頂点に集まる線の本数を記入すると、次のようになります。

> 多角形の頂点や、線同士の交点など、全て確認しよう。図のように、●を付けると、見落としが防げるかな。

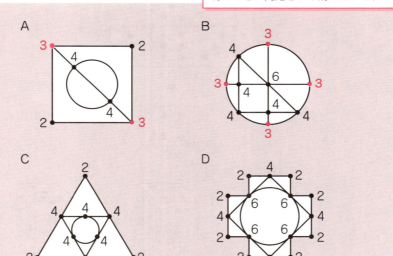

これより、それぞれの奇点の数を確認すると、Aが2個、Bは4個、CとDは0個ですから、B以外の3個の図形は一筆書きができる図形の条件（290ページ）を満たします。

> 奇数が記入されている●が付いた点だよ。

よって、正解は肢4です。

正答≫ 4

No.1

出典 刑務官 2023　難易度 ▶ ★ ☆ ☆

図のような展開図となる立方体は、次のうちではどれか。

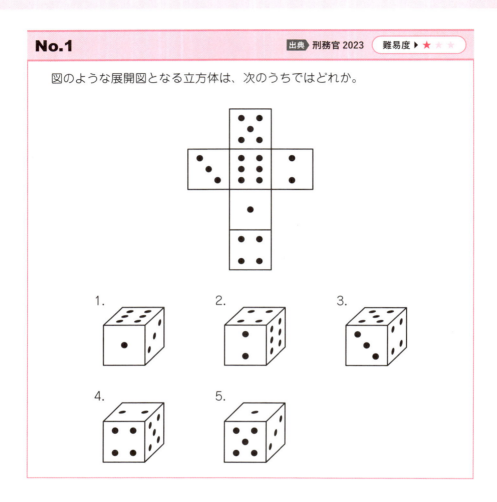

解説

各肢のサイコロについて、展開図と合致するかを調べます。

肢1 図1のように、3→6→1と反時計回りに並んでいますが、展開図では、図2のように、時計回りに並んでいますので、合致しません。

15 サイコロと位相

図1　　　　　　図2

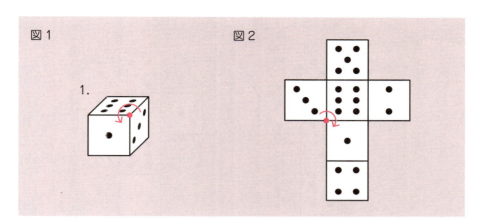

肢2　4の目と6の目が隣り合っていますが、展開図では向かい合っていますので、合致しません。

肢3　図3のように、4→5→3と反時計回りに並んでいますが、図5のように、展開図の面を移動させると、時計回りに並んでいるとわかり、合致しません。

> 「14 展開図」で勉強した、「重なる辺」を調べて、面を移動させるんだね。

肢4　図4のように、2→5→4と時計回りに並んでおり、図5のように、展開図の面を移動させると、合致するとわかります。

図3　　　　　　図4

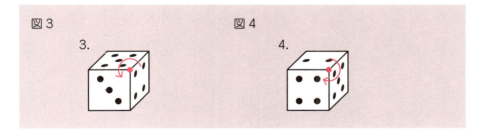

図5

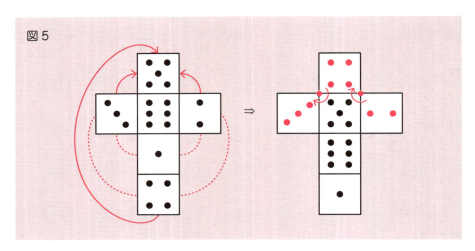

肢5 **1の目と5の目が隣り合っています**が、展開図では向かい合っていますので、合致しません。

以上より、正答は肢4です。

正答≫4

No.2

出典 裁判所職員一般職（高卒）2024　難易度 ★★★

展開すると図Ⅰのようになるサイコロがある。図Ⅰの展開図を組み立てたサイコロと1辺の長さが等しい正方形A、B、C、Dを図Ⅱのように時計回りに平面上に配置する。正方形Aの位置に、図Ⅲのような目の位置（上面は1）でサイコロを置き、ここからA→B→C→D→Aの順に、滑らないようにしてサイコロを転がしていく。「A→B→C→D→A」の順に転がすことを1周とするとき、図Ⅲの状態から500周した時点での上面の目として正しいものはどれか。

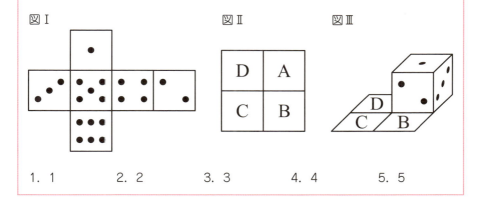

1. 1　　2. 2　　3. 3　　4. 4　　5. 5

解説

まず、Aの位置にサイコロを置いたときの目の配置を位相図で表すと、図1のようになります。

向かい合う面を展開図から確認すると、和が7になるのがわかるね。

図1

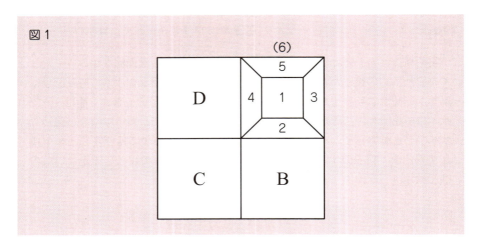

ここから、A → B → C → Dと、**Dの位置まで**転がすと、目の配置は図2のようになります。

図2

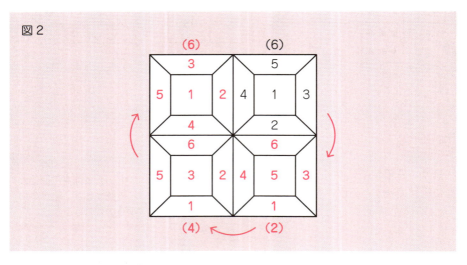

さらに、D → Aと転がすと、**1周後の目の配置**は図3のようになるとわかります。

図3

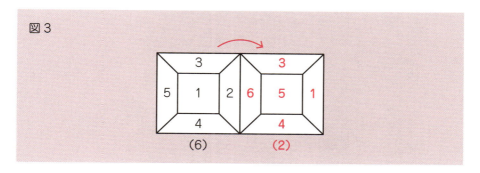

ここで、最初の状態から**1周後の目の配置の変化**について見ると、図4のように、初めに上面にあった「**1**」**が右側面**に、背面にあった「**5**」**が上面**に、左側面にあった「**4**」**が正面**になっているのがわかります。

図4

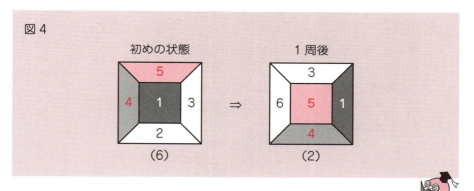

そうすると、さらにもう1周した後も、面は同じように移動しますので、2周後には、「**5**」**が右側面**に、「**3**」**が上面**に、「**6**」**が正面**になり、それぞれの<u>向かい合う面の目を記入</u>すると、図5のようにわかります。

> 1つの頂点を囲む3面だけ調べれば、あとの3面は、向かいの面からわかるからね。

図5

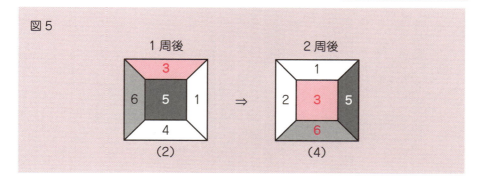

同様に、3周後も調べると、図6のようになりますね。

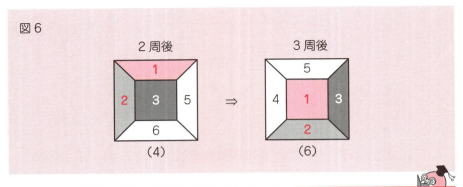

　ここで、**3周後に初めの状態に戻る**ことがわかりましたので、あとは、これを**繰り返していく**ことになります。

　そうすると、「**500÷3＝166余り2**」より、このサイクルを166回繰り返して、**あと2周**したところで500周ですから、図5の「2周後」の状態になり、このときの**上面は「3」**とわかります。

　よって、正答は肢3です

> 500周なんて、できるわけないので、こういう問題はどこかで繰り返すと思ってOK！そのサイクルがわかるところまでがんばってやろう！

正答 ≫ 3

No.3

出典 東京都Ⅲ類 2024　難易度 ★★☆

下の図のA～Eの図形のうち、一筆書きで描くことができるものの組合せとして、正しいのはどれか。ただし、一度描いた線はなぞれないが、複数の線が交わる点は何度通ってもよい。

A

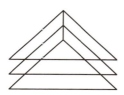

B

C

D

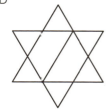

E

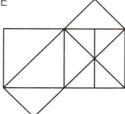

1. A、B、D
2. A、C、D
3. A、C、E
4. B、C、E
5. B、D、E

解説

A〜Eの各頂点について、奇点を確認すると、次のようになります。

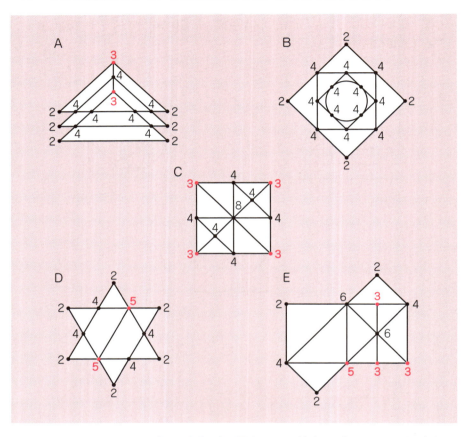

これより、**CとEはいずれも奇点が4個**あり、一筆書きができる図形の条件を満たしませんが、A、B、Dについては満たしているとわかります。

よって、正答は肢1です。

正答≫ 1

memo

Staff

ブックデザイン・カバーデザイン
越郷拓也

キャラクターデザイン・イラスト
谷仲ツナ

校正
甲斐雅子　小野寺紀子　野本真孝

編集アシスト
田中葵　中川有希

エクシア出版の正誤情報は、
こちらに掲載しております。
https://exia-pub.co.jp/
未確認の誤植を発見された場合は、
下記までご一報ください。
info@exia-pub.co.jp
ご協力お願いいたします。

著者プロフィール

畑中敦子

大手受験予備校を経て、1994年より、LEC東京リーガルマインド専任講師として、公務員試験数的処理の受験指導に当たる。独自の解法講義で人気を博し、多数の書籍を執筆した後、2008年の独立。現在、株式会社エクシア出版代表として、出版活動を行っている。

高卒・社会人公務員試験
過去問ザ・ベスト Ser.1 判断推理

2025年4月29日　初版第1刷発行

著　者：畑中敦子
　　　　ⒸAtsuko Hatanaka 2025 Printed in Japan

発行者：畑中敦子

発行所：株式会社 エクシア出版
　　　　〒101-0054 東京都千代田区神田錦町2-1-5-204

印刷・製本：モリモト印刷株式会社

定価はカバーに表示してあります。乱丁・落丁本はお取り替えいたします。本書の内容の一部あるいは全部を無断で複製複写（コピー）することは、法律で認められた場合を除き、著作権および出版権の侵害になりますので、その場合はあらかじめ小社あてに許諾を求めてください。

ISBN 978-4-910884-21-9　C1030

過去問 The BEST シリーズ

国家公務員(高卒)・地方初級・警察官・消防官・社会人採用試験

令和の試験にちょうどイイ問題集

➤─ 高卒・社会人公務員試験 ─◀
過去問 The BEST 判断推理
Ser. 1　定価1,760円　畑中敦子・著

➤─ 高卒・社会人公務員試験 ─◀
過去問 The BEST 数的推理
Ser. 2　定価1,760円　畑中敦子・著

➤─ 高卒・社会人公務員試験 ─◀
過去問 The BEST 社会科学
Ser. 3　定価1,760円　寺本康之・著

➤─ 高卒・社会人公務員試験 ─◀
過去問 The BEST 人文科学
Ser. 4　定価1,760円　寺本康之・著

➤─ 高卒・社会人公務員試験 ─◀
過去問 The BEST 自然科学
Ser. 5　定価1,760円　柴崎直孝・著

エクシア出版　https://exia-pub.co.jp/